森達也

反メディア論

青木理

現代書館

まえがき

青木 理

このところ、メディアやジャーナリズムについて書いたり、喋ったりするよう求められることが多い。本書も、その延長線上に位置づけられる一冊ということになるのだろう。しかし、正直、かなりうんざりしている。

メディアは、私の仕事場である。ジャーナリズムとは、さまざまな定義はあろうが、ざっくり言えば、メディアに関わる仕事をするにあたっての原則や作法、あるいは心構えや矜持のような意味を包含した言葉として使われる。

いずれにせよ、この仕事にかかわる者たちの内輪話にすぎない。そんなものは本来、仲間うちや組織内やそれぞれの取材現場で真摯に議論し、反省したり改善したり律したりすべき事柄であって、外部に向けて講釈を垂れるようなものではない。そんなことに時間や手間をかけるぐらいなら私は、ジャーナリズムの原則に沿って取材したいことや取材すべきことをじっくり取材し、その成果としてのノンフィクション作品などをさまざまなメディアを通じて発表することに専念したい。

なのに、私はまたもこうしてメディアやジャーナリズムに関する書籍に関わり、なんだか偉そうに語ることになった。心底イヤになるが、語らずにはいられないという切迫感のようなものがあるのも否定できない。

本書を手にした方なら同じ想いを共有しているだろう。昨今、メディア状況はスパイラル的に悪化している。過半の大手紙、テレビは政権の無残な提灯持ちと化し、かろうじてファイティングポーズをとっている新聞やテレビもなんだか頼りなげだ。一部の新聞や番組、ジャーナリストらには陰に陽に圧力がかかり、至極当たり前のことを書いたり喋ったりするだけで「売国」とか「反日」とか「国賊」などという罵声まで浴びせられる。

その影響なのだろう、情けないことだが、メディア組織内には萎縮や自粛のムードが蔓延し、これが世に強まるメディア不信をさらに増幅させるという悪循環がとまらない。

言うまでもなく、権力からの独立と言論の自由に支えられたメディアが発信する各種の情報は、民主主義社会の食糧である。人間が生きる上で欠かせないものという意味で言えば、空気とか酸素と言い換えてもいい。

そのメディアが病めば社会も病む。多様な情報が細れば社会は息苦しさを増し、最後は窒息する。行き着く先にあるのは、暗く憂鬱なモノトーンの社会。

そんなことにならぬよう願い、本書で私はいろいろ語った。だから「反メディア論」というタイトルは、別にメディアを腐したり、その存在を否定するものではない。むしろ奮起を促すためのメッセージである。もちろん、奮起しなければならない側に、私もいる。［二〇一六年一月十八日］

森達也 青木理の反メディア論＊目次

まえがき……青木 理 1

プロローグ……9

1 民主主義と死刑制度……21

自分の子どもが殺されても死刑を求めないのか
何が死刑をタブーにしているのか
死刑囚と向き合う被害者遺族
法律以上に厳重に外部から遮断される死刑囚
お役所仕事に支えられる死刑制度
メディアに冤罪事件は防げるか
誰が死刑執行を決定するのか
冤罪と死刑
麻原彰晃という死刑囚が問いかける問題

2 オウム事件と公安 …… 73

震災とオウム真理教事件、激動の一九九五年
オウム真理教事件と公安警察
オウム真理教事件に染まるメディア
本気になった公安警察と闇に消えていく事件
オウム真理教事件は風化していいのか
TBS事件とメディアの萎縮

3 日本の刑事司法 …… 105

オウムで生き延びた公安調査庁
刑事司法に隠された麻原彰晃
なぜ、謀略史観に陥ってしまうのか
野放しの法務検察・刑事司法とメディアの監視機能
法務・検察組織の持つ特異な権力
メディアに伝統や慣習は必要なのか

4 朝鮮半島、沖縄、日本の敗戦後 …… 141
北朝鮮を取材することの難しさ
拉致問題は日朝関係を変えたか
拉致問題のタブーとメディア
いかにして「悪の枢軸」は生まれたのか
東アジアにおける日本の優越感と劣等感
戦後七〇年、日本の戦後処理はうまくいったのか
周縁としての沖縄
つくり上げられたイメージを見極めるために
5 メディアの闇 …… 189
タブーを生む〝標識〟
真実をねじ曲げるタブー
組織としてのメディアとジャーナリズムという仕事
経営の論理とジャーナリストの使命

昔のテレビと今のテレビ
テレビが許容する言論の自由
メディアに対する政権の圧力
言論弾圧とどうやって闘えばいいのか
朝日バッシングと読売の急旋回
デジタル化はメディアの質をよくするのか
これからのジャーナリズムとメディア

あとがき……森 達也 259

本書は、二〇一五年四月二十四日と五月十五日に行われた対談に、二〇一六年一月、加筆したものである。

プロローグ

森　青木さんに最初に会ったのは十年くらい前かな。あの頃は共同通信社を辞めていたのですか。

青木　辞めてすぐくらいだと思います。

森　最近はいろんなところで顔を合わせますね。

青木　森さんと僕は、けっこう近いテーマで書いたものもありますからね。

森　興味が近いのでしょう。まあその近いテーマについては後で話すとして、今の政治と報道について、まずは青木さんに質問します。第二次安倍晋三内閣になってからメディアのトップクラスが安倍首相と頻繁に会食[*1]しているけれど、これは昔ならありえないことですか？

青木　いや、昔から多少はあったけれど、最近は常軌を逸しています。頻度が明らかに増えている。しかも、経営トップまでが嬉々としてメシを食っている。メディアの本質的な矜持の問題として最低最悪です。

森　政権を監視すべきメディアのトップが、政権のトップと会食する。問題はここですね。

青木　ええ。論点を少し整理したほうがいいでしょう。僕は、記者が首相とメシを食うのは決して否定しないんです。もちろん、メシ代はきっちり払う必要がある。その上でなら、この国の最高権力者の本音を聞けるチャンスを逃すことはない。僕だって、機会があれば行きますよ。たぶん誘われないだろうけど（笑）。

　また、メシを食って話を聞き、いったい何をどう書くのか、という問題もあります。むしろそこが最も重要なんでしょう。提灯持ちのような記事を書くなら論外。ただ、メシを食って政権の提灯持ちのような記事を書いているような記者は、ああこいつはバカなんだなと判断すればいい。御用記者なんだと蔑めばいい。そういう話です。ただし、経営者がメシを食うのは百害あって一利なしです。

森 経営者がそれを書いたり、発表したりするわけじゃない。

青木 むしろ害を振りまきます。朝日新聞がバッシングされたときに唯一、よかったなと思ったのは、経営と編集の分離という原則論があらためて注目されたことでした。古くから語られてはきたけれど、最近はあまり顧みられることもなかったメディア組織の原則論です。たとえば新聞社の場合、日本では編集部門の出身者、つまりは記者出身者が経営トップに就くことが多いからか、このあたりがきちんと線引きされずにきてしまいました。某大手紙なんて、「代表取締役会長」が「主筆」を兼ねているほどですからね（苦笑）。ただ、メディア組織にあっては本来、経営と編集はきちんと分離されていないといけない。現実的にはメディアといっても大半が営利企業ですから、究極の場面では経営が編集判断に関与することも否めないんでしょうが、それでも編集と経営のあいだには厳然たる一線が引かれているのが原則です。

考えてみてほしいんですが、日々の編集作業に経営の論理が介入すれば、取材や記事の方向性が日常的にねじ曲げられてしまう。たとえば、経営面では大事な

＊1　2014年12月、山本太郎参議院議員は、「2年間で安倍首相とメディア関係者の会食は40回以上」に及び、これは「歴代首相の中でも突出した頻度」であると指摘した。

スポンサーや広告主であっても、その意向を経営側が編集側に伝え、編集現場が気にしはじめれば、当然報じるべき企業の問題点などが書けなくなってしまう。だから経営と編集は分離されていなければならない。

その上で経営者が首相とメシを食う問題を考えてみましょう。編集現場にとって首相は、最も重要な取材対象の一つです。しかも、この国の最高権力者ですから、メディアの役割が権力の監視にある以上、常に批判的な視座で論評しなければいけない。その首相と自社の経営トップがメシを食って親しくしていたら、編集現場はどう受け止めるか。答えは自ずから明らかです。萎縮するか、忖度するか。読者や視聴者だって疑心の目で眺めるでしょう。

森　経営者が政権トップと通じているとわかれば、批判記事の切っ先は鈍ります。そんなことで萎縮するメディアのほうが情けないと安倍首相は言ったけれど、それは確かにそのとおり。情けないと僕も思います。同時に「おまえが言うか」とも思うけれど。

日本のメディアがもし三流ならば、政治も三流なんです。そして社会も。どれか一つだけが一流などありえない。この三つは互いに相互作用しながら常に同じ水準です。メディアは一流だけど政治は三流もありえない。国民は一流だけどメディアは三流もありえない。メディアをマスゴミなどと言って罵倒する人は、結局は自分たちにも罵声を浴びせているわけです。

青木　私自身は、「マスゴミ」などという造語は大嫌いです。なんでもかんでも一緒くたにして「マスゴミはダメだ」などと一刀両断にするのは、物事の本質を見失わせるだけでしょう。ただ、そう批判されても仕方ない面があるのもまた事実です。そもそも、この国ではメディアの原理原則がまったく共有されていません。

最近、ひどく絶望したのが、ジャーナリストの後藤健二さんをＩＳ（「イスラム国」）が殺害したとされる事件[*1]です。僕は彼を直接知らないのですが、知っている人たちに話を聞くと、かなり熱心で真摯なジャーナリストだったようです。その後藤さんの殺害ビデオをＩＳが発表したのを受け、直後の一月三十一日にアメリカのオバマが大統領声明を出しました。いち日本人の死に大統領声明を出すのは異例のことだったと思うのですが、その中には「後藤氏は報道を通じ、勇気を持ってシリアの人々の窮状を外部の世界に伝えようとした」（ウォールストリートジャーナル日本語版ウェブサイト・二〇一五年二月一日付）という一文が入っていました。

一方、わが首相も緊急声明を出しているけど、そんな文言は見当たらない。「テロには屈しない」とか「テロリストは断固許さない」などという勇ましい言葉は連ねているのに、オバマのような言及はまったくない。つまり、後藤さんのジャーナリズム活動というか、メディア人としての仕事に対しての敬意とか評価の言葉は一つもないんです。安保法制をめぐっては「国民の命と財産を守るのが務め」だって

＊1　2015年1月20日、ISILのメンバーが湯川遥菜さんと後藤健二さんを人質に身代金2億ドルを要求する動画をインターネット上に公開した。これに対し日本政府は、多方面への協力を要請しつつも「テロには屈しない」と繰り返した。24日、ISILは湯川遥菜さんが殺害された写真を持つ後藤健二さんの動画を公開。31日（日本時間2月1日早朝）、後藤さん殺害の報が流れた。

馬鹿の一つ覚えみたいに言っているけれど、そもそも後藤さんを救おうなんて気持ち、ほとんどなかったでしょう。

森　煽情的な言葉を使うつもりはないです。でもいろいろ調べてみると、確かに政権は二人を「見殺しにした」としか言いようがないとの思いを強くします。

青木　二〇一五年四月十六日に朝日が記事にしていましたが、後藤さんの妻がISとメールで交渉しているのを、政府は全部知っていながら、アドバイスすらしていなかったらしい。身代金を払おうなんて気はかけらもなくて、それでよく「国民の生命と財産を守る」なんて言えると思う。

しかもその後、新潟のフリーカメラマンがシリア取材のため出国を計画したら、パスポートを取り上げてしまった。憲法が定める言論・報道の自由であるとか、移動の自由であるとか、そんなものすら軽々と蹴散らし、メディアからも大した抗議の声が上がらない。

またアメリカの話をしますが、米国務省が二〇一五年一月二十日、ジャーナリストとかメディア関係者を集めて会合を開いているんです。テーマは、紛争地取材におけるジャーナリストの安全について。国務省によれば、アメリカでは二〇一四年に紛争地で「少なくとも六〇人のジャーナリストが殺されている。その前年には少なくとも七三人が亡くなった」そうです。日本などより圧倒的に多くのジャーナリストが紛争地取材で命を落としていて、アメリカでもこのことは問題になっている。この会合の中でケリー国務長官がこんなことを言っているんです。

「紛争地でのジャーナリストの危険性を完全に取り除くことはできない。唯一の方法は沈黙することだが、我々は沈黙を放棄、降伏とみなす。（中略）世界は何が起こっているのかについて知らなければならない。沈黙は圧政者、虐待者、独裁者に力を与えることになる」。さらに「ジャーナリズムはできるだけ公的機関から独立していなければいけない。（中略）しかし政府にも（ジャーナリストの安全を確保するために）できることがある、我々はそう信じている」（米国務省HPより訳出）。

森　とてもまっとうです。

青木　ええ。僕はアメリカがなんでもいいなんて微塵も思わないし、アメリカこそが世界で最も数多く侵略戦や謀略を繰り返してきたのも事実です。そのアメリカでも年間六十人とか七十人のジャーナリストが命を落としていて、政府も国民も、ある意味で迷惑しているところもあるんだろうけど、そういう事件があったとしても、国務長官が一応はメディアとジャーナリズムの原則論を掲げる懐の深さはある。民主主義社会を支えるメディアとジャーナリズムの原則に対する理解を示そうとはする。

もちろん建前にすぎないのかもしれません。ただ、この彼我の差は溜息が出るほど大きい。不幸にも紛争地でジャーナリストが命を落とした際、大統領がその仕事を評価し、敬意を払い、国務長官がジャーナリズムとメディアの原則を掲げる国に対し、この国は首相がそんな言葉をまったく発さず、果てはジャーナリストのパスポートまで取り上げてしまって恥じない。つまり、民主主義を底支えするメディアとジャーナリズムに対する根本的な理解が欠如している。政府もそうだし、大半の市民もそうだし、果てはメディアだってそう。絶望的です。

死刑制度だって同じでしょう。人の命を合法的に奪い去る死刑は国家権力の最大の行使なのだから、その是非はあったとしても、情報公開は最低限保障しよう、手続きの透明性はきちんと担保しておこうというのは民主主義国の矜持だと思うんだけど、この国では完全なる密行主義の下に隠されてしまっている。そういう論議すら、ほとんど起こらない。

森　アメリカ独立宣言を起草した第三代大統領のトマス・ジェファーソンが、現役時代にメディアと政府の関係について、……当時はメディアといえば新聞しかなかったのだけど、その新聞が存在しないのなら政府も存在すべきではないと言っています。政治権力は暴走するから監視装置が不可欠だとのロジックです。これを現職大統領が公式に発言する。今のこの国とはあまりに違う。

確かにいろいろ問題ばかりの国だけど、少なくともジャーナリズムとデモクラシーについては絶対に筋を曲げない。合衆国憲法修正第一章は信教や結社、そして言論の自由です。日本国憲法第一条は天皇制なのに。

一九七一年に『ニューヨーク・タイムズ』がペンタゴン・ペーパーズを暴露し、翌一九七二年には『ワシントン・ポスト』がウォーターゲート事件をスクープした。どちらも政権の不正行為を徹底してメディアが攻撃した。この二つの報道を支えた『ニューヨーク・タイムズ』の記者であるニール・シーハンや、『ワシントン・ポスト』のボブ・ウッドワード、カール・バーンスタインなどは、今も国民的英雄です。三年ほど前にウッドワードに会ったけれど、今も精力的に政権批判の本などを執筆しています。でもまったく同じ時期である一九七二年、日本では沖縄密約をスクープしかけた毎日新聞の事件[*1]が起きて、記者である西山太吉さんは有罪判決を受けて退社した。アメリカの場合は政権に対峙するメディアを民意が支持したけれど、日本の民意は政権批判よりも西山さんの不倫問題の追及に興味を示してしまった。見事な違いです。これは四十年以上前のことだけど、今もまったく変わっていない。

青木　つまるところ、この国の戦後民主主義は、それこそ押しつけ憲法じゃないけれど、押しつけ民主主義というか、おもらい民主主義だったのかもしれません。何年か前に亡くなった金大中にインタビューした際、「日本人は自分たちの力で民主主義を勝ち取ったことがない」と言われたんですが、まったくそうだなぁと頷くしかない。

皮肉を込めて言えば、この国の戦後は本当にラッキーというべきか、残酷なほどに幸運なものだったと思います。民族分断という悲劇や巨大な米軍基地といった負担はすべて朝鮮半島や沖縄といった周辺

＊1　1972年、沖縄が日本に復帰するのに、当時のニクソン政権と佐藤栄作内閣のあいだに、アメリカが支払うべき沖縄現状復帰費用400万ドルの日本負担や有事に際し米軍が沖縄の基地に核兵器を配置する等の密約があった。当時毎日新聞記者だった西山太吉は日米政府間の機密情報を入手したが、その入手方法をめぐり国家公務員法違反に問われ有罪となった事件。

部に押しつけ、与えられた民主主義みたいなものを掲げながら七〇年、平和を貪り食ってきた。僕もそうだけれど、憲法ってなんだろう、メディアってなんだろう、ジャーナリズムってなんだろうって、ほとんどの人が真剣に突き詰めることすらなかったわけでしょう。これから話すことになると思いますが、政権や政権の提灯持ちの連中が放送法などを持ち出して「中立公正にやれ」などとテレビを攻撃し、それにテレビ局側も戦々恐々としている様を見ると、これほど多くの人々が放送法の本来の趣旨すらわかっていないのだと暗澹たる気持ちになります。

森　この国の人は身の回りのこと以外に興味を持たない。一〇〇パーセントじゃないけど、そういう傾向が強い。興味の対象は安全保障関連法よりも芸能人の離婚や不倫騒動、あるいは食品の値上げとかね。

民主主義とは多数決。僕たちは学校でそう習いました。でも多数決は常に正しいのか。たとえばAとBとCの意見があるとして、Aを選ぶ人が最も多かった。ならば確かに民主主義的にはAが採用されることに問題はない。でもA**だけ**はダメだと言う人が最も多いという可能性もある。ところがそうした数値は表に出てこない。本来であれば多様な意見を包摂しながら選択しなければいけないのに、単純な多数決はその多様性を排除してしまう。なぜドイツ国民はナチスを選んだのか。なぜ多くの日本人は国際連盟脱退で万歳を唱えたのか。多数決は集団の暴走と重複する場合が多い。ドイツは憲法である基本法を変えるとき、国民投票を実施しないのです。なぜしないのか。知り合いのドイツ人に尋ねました。僕たちは自分たちを信用していないからだと彼は説明しました。

国家にもし人格があるとしたら、日本はまだとても未熟なんだと感じます。中国や韓国に北朝鮮（朝鮮民主主義人民共和国）など東アジア全般にその傾向がある。成熟できない理由はいくつかあるけれど、きちんと自分たちに絶望していないことは大きな要因だと思います。

1 民主主義と死刑制度

自分の子どもが殺されても死刑を求めないのか

森　青木さんが『絞首刑』（講談社、二〇〇九年。二〇一二年より講談社文庫）を書いたとき、僕はもう『死刑』（朝日出版社、二〇〇八年。二〇一三年より角川文庫）を発表していたかな。

青木　森さんの『死刑』が出たのが、ちょうど僕が死刑問題の取材をはじめて一年くらい経ったときだったと記憶しています。そのとき、たぶん僕はまだ森さんと会っていないか、会っていてもほとんど話したことはなかったんじゃないでしょうか。僕は当時、三年くらいかけて死刑問題の取材をして本を書こうかなと思って、そのちょうど一年目くらいで森さんの本が出た。半分は「やられたな」と思い、でも半分は「ラッキーだな」と思ったわけです。僕と森さんは、仮に同じようなテーマを書いても、スタイルがまったく違う。ある意味で森さんのアプローチと僕のアプローチは全然違うから、森さんの本によって死刑制度に関心が高まれば、僕の本にも関心を持つ人が増えるんじゃないか、という期待もありました。

森　それをプロレス用語で「噛ませ犬」といいます。要するに強い悪役レスラーにまず挑戦して蹴散らされる役回り。それから真打登場。青木理は森達也を自分の噛ませ犬だと思っていたわけか。

青木　そんなふうに思っていません（笑）。でも、「噛ませ犬」ってプロレス用語なんですか。

森　違うのかな。でも最初にこの言葉を聞いたのはプロレスです。長く日の当たらなかった長州力が藤波辰爾《たつみ》に「俺はおまえの噛ませ犬じゃない」と叫んで藤波を平手打ちした。正確には試合の後に言ったらしいけれど。

青木　まったく興味のない分野なので話を戻すと（笑）、僕の本が出たのと前後して千葉景子が法務大臣になって、毎日新聞とか読売新聞もけっこう熱心に死刑問題の連載をやったんです。毎日も読み応えがあったけど、意外と読売連載もおもしろかった。読売のスタンスはどっちかというと死刑存置に近かったと思うけど、それでも加害者、被害者、そして死刑制度そのものに迫る取材をしていて、なかなか優れた内容でした。この十年くらいのスパンで考えると、僕や森さんの本を含めて、あの時期にメディアは死刑問題に相当取り組んだんです。読売まで連載記事を掲載したんですから。

しかし、状況はピクリとも動かなかった。死刑制度に固執する法務・検察官僚にも、無関心が蔓延する社会にも、まったくといっていいほど影響を与えられなかった。現に今も完全なる密行下、まさに「粛々」と死刑が執行され、反対や廃止の声も、それどころかきちんとした情報公開を求める声すら、ほとんど起きていない。別にメディアやジャーナリズムの仕事が常に社会を動かせるなんて青臭いことを思っているわけじゃないけれど、これには少しがっかりしているというのが、正直なところです。

森　死刑廃止のシンポジウムなどに呼ばれたとき、「自分の子どもが殺されたとしてもお前は死刑を求めないのか」とよく質問されます。このフレーズはネットなどでもよく見かけるけれど、死刑を求めないと言えばそれでも親かと罵倒できるし、求めると言えば矛盾していると攻撃できる。僕は「自分の子どもがもし殺されたなら僕は死刑を求めるかもしれない。いやそれ以前に自分で犯人を殺したいほど憎悪するかもしれない」と答えます。もちろんその後に「ダブルスタンダードだ」などと攻撃されるのだけど、それに対しては「ダブルスタンダードで当たり前だ」と答えます。だって自分の子どもが殺されたその瞬間、僕はそれまでの第三者から被害者遺族という当事者になっています。スタンダードが変わらないほうがおかしい。

遺族が憎しみを持つのは当たり前です。でもなぜ、非当事者の集合体である社会全般が遺族の憎悪を共有するのか。そこを考えるべきなんです。そもそも愛する家族を殺された気持ちを共有などできません。他者が安易に想像できるような苦しみではないはずです。遺族の気持ちを知れとよく言われるけれど、あなたは遺族の気持ちを本当に知っているのですかと聞き返します。多くの人は当然だと答える。ならばそれこそ不遜です。遺族の悲しみや怒りはそんな生易しいものじゃない。でも今のこの社会は、遺族の悲しみをすっぽりと共有しているかのような錯覚に陥っている。共有しているのは表層的な報復感情だけです。愛する者を喪った苦しさや辛さを、そして自分を責める感情を、非当事者がニュースを見たくらいで共有できるはずがないと僕は思っています。

社会はある意味で無慈悲です。だからこそ社会として機能する。ところが今のこの社会は、遺族に対して過剰に感情移入しようとする。もちろん遺族の思いを想像することは大切です。でも同時に、自分の想像など及ぶはずがないと思うことも重要です。つまり後ろめたさです。それがほとんどないから、とても居丈高になる。その帰結として遺族が聖域になる。自由な言論が機能しなくなる。北朝鮮による拉致問題がそうですね。結果として逆に解決を遅らせてしまっている。この根源にあるのはメディアです。

青木　拉致問題もそうだし、死刑制度の問題もそうですが、被害者の気持ちを考えろと言われた途端、メディアの報道も、社会の言論活動も、ぴたりと思考停止してしまう。いや、思考はしていても、それを発することができなくなってしまう。圧倒的な「情」の奔流の中、「理」を唱えることができなくなってしまう。「情」に寄り添うのはもちろん大切ですが、同時にしかし、と顔を上げ、正面から「理」も説かなくてはならない。でないと、あらゆる局面で「情」ばかりに押し流され、「理」が殺されていってしまいます。

死刑問題について言えば、長期にわたって取材をしながら考えたのは、森さんがおっしゃるとおり、自分の家族が殺されたらどうなのかという質問自体、ナンセンスだということです。被害者の遺族といっても、決して一様ではない。その気持ちがわかるなどというのは不遜だし、あえて言うなら、薄っぺらな偽善にすぎない。

そのことについてはまた後で話そうと思いますが（三六頁）、僕の思いはかなりシンプルです。なぜ死刑制度に反対するかといえば、人を殺したくないから。誰も殺したくない。それ以上でも、以下でもない。これは昨今の安保関連法制の問題や戦争にもつながるんでしょうが、僕は絶対に人を殺したくない。

被害者の気持ちを考えれば悪人は命によって償わせるしかない、と他人事のように簡単に言いますが、死刑を執行しているのも人間です。しかも僕たちが権限を付託し、税金によって賄っている公務員＝刑務官です。執行台に連行していくのも、手足をしばって目隠しをし、首に絞縄をかけるのも、執行台の踏み板が開くスイッチを押すのも、そして空中にぶらさがった遺体を降ろし、清めた上で棺に入れるのも、すべて刑務官です。彼らは僕たちが付託した職務として死刑執行にあたっている。死刑執行に携わったことのある刑務官が、苦悩に満ちた貌《かお》で漏らしていました。「死刑といっても所詮は人殺しだからな」と。つまり僕たちが殺しているんです。他人事じゃない。その一員であることに、少なくとも僕は耐えられない。

森　そこは僕も近いかな。人を殺すことに加担したくないから死刑は廃止してほしい。単純に言えばそれだけです。二〇一四年十一月に内閣府が死刑制度についての世論調査を五年ぶりに実施しました。前回のアンケートでは、「どんな場合でも死刑は廃止すべきである」と「場合によっては死刑もやむをえない」が対置されていた。明らかにアンフェアで死刑存置への誘導です。その結果として八五・六パーセントが死刑存置を支持しました。このアンケート結果を根拠に日本政府は、国連人権委員会の死刑廃止を求める勧告に対して、死刑存置は日本国民の世論だと反論し続けてきた。あまりに露骨です。だから二〇一四年のアンケートで内閣府は、「どんな場合でも」や「場合によっては」など恣意的な副詞句は排除して、さらに選択肢に終身刑も入れました。だいぶフェアになったと思います。でも結果として死刑存置は八〇・三パーセントです。

青木　五パーセントしか下がらなかった。

森　うん。もっと下がるだろうと僕も思っていました。なぜなら設問をフェアにしただけではなく、アンケートが行われる直前の三月に袴田《はかまだ》巖《いわお》さん＊1の死刑と拘置の執行が停止されて大きく報道されました。その取り調べや裁判の実態を多くの人が知った。捜査権力はここまでやる。その意識を国民全般が持った矢先のアンケートです。ならば死刑制度存置派が大きく減るだろうと思っていた。甘かったです。死刑存置の世論は強固だなと感じました。

青木　有名な話ですが、ヨーロッパで死刑を廃止した国だって、世論調査で死刑廃止が多数を占めた国はなかったんじゃないですか。それを政治がリードしていった。日本の場合、そんな政治家がほとんどいないどころか、弁護士会だって怪しいものです。日

＊1　1966年6月30日未明、静岡県清水市（現静岡市清水区）で、味噌会社専務一家4人が殺害され放火された事件。当時味噌会社の従業員だった袴田巖さんは「元プロボクサーならやりかねない」という偏見により逮捕され、自白を強要された。裁判では一貫して無実を訴えたが、1968年静岡地裁で死刑判決、1980年最高裁で死刑が確定した。1981年以降再審を求め続け、2014年3月27日、静岡地裁は再審を決定。獄中48年目にして東京拘置所から解放された。

弁連（日本弁護士連合会）の全メンバーに死刑の存廃論について聞くとどのくらいの比率になるかって、やったことがないらしいんです。もし存置派が多数になったら弁護士会っていったいなんなんだという話になっちゃうから、したことがないんだという話を聞いたことがあります。

森　けっこう存置論者が多いと聞きます。

青木　それでも、過半は廃止論でしょう。メディアだってそうだと思う。他社は知らないけど、僕の古巣の共同通信で全記者に死刑の存廃を問えば、たぶん半々か、おそらくは廃止派のほうが多いくらいだと思います。憲法学者や刑法学者だって、一般市民より廃止派が多いでしょう。国家権力が市民を殺すという究極の制度の是非については本来、政治家や知識人が世論をリードしていく必要もあるんだと思います。なのに「情」の奔流の前に口を閉ざすのは無責任です。

森　なぜか死刑制度は人を二分する。確かにヨーロッパでも死刑を廃止する前にはほとんどの国で、世論としては存置のほうが優勢でした。民意主導で廃止が決まったという事例はとても少ない。知識人についても、特にメディアによく出ている知識人は多数派がどっちを支持しているかについては敏感だから、あまり期待できないと思う。実際にテレビなどで死刑は廃止すべきと発言した人は叩かれています。

青木　ええ。メディアが「情」、つまりは感情論に引きずられているばかりか、むしろそれを煽ってばかりいるのも大きな要因です。僕自身がそういう報道の現場に長く関わったから、自己批判も込めて言いますが、新聞やテレビが大量に垂れ流す事件報道の影響も大きい。

衆院の法務委員会で二〇一五年五月、裁判員裁判の問題点について話し合う場があって、娘さんを殺された犯罪被害者遺族が参考人として呼ばれていたんです。その事件は、一審の裁判員裁判で死刑判決が出たんですが、高裁で破棄され、最終的に無期懲役判決になりました。被害者が一人の事件で死刑というのは過去の例と比べて厳しすぎ、公平性を欠くというのが主な理由でした。そして法務委員会では、お母さんが高裁判決を猛批判したんです。前例を踏襲して裁判員裁判の判決を覆すなら、裁判員裁判なんて意味がないではないか、と。つまりは娘を殺した男を死刑にしてくれ、というわけです。

その当日、あるテレビ局のニュース番組が、法務委員会の模様を延々と、かなり情緒的に報じていました。お母さんの主張に寄り添いつつ、裁判員裁判をひっくり返した職業裁判官を批判すると同時に、こんなことなら裁判員制度など意味がない、という調子でね。これはメディアの、ある意味、ものすごく悪い落とし穴に落ち込んでしまっていると感じました。

裁判官や裁判員裁判を批判するのはもちろんいい。しかも凶悪事件の被害者側に寄り添いつつ批判するのは、権力の監視役というメディア人の責務にも合致している。しかし、その奥にあるもっと巨大な権力悪――つまりは死刑という究極の刑罰の問題点には、眼差しがまったく届いていていない。そのはるか以前のところで、表層的な権力批判もどきと感情論にとどまってしまっている。

繰り返しますが、裁判官や裁判員裁判にはたくさんの問題点があり、大いに批判すべきです。僕だって批判してきました。しかし、国家権力が人間の命を奪い去る死刑という制度は、究極の権力行使です。その闇にもしっかりと目を凝らさないといけない。いや、その闇に目を凝らさないなら、メディアやジャーナリズムの役目を果たしていないも同然です。

森 オウムによる地下鉄サリン事件*1以降にはじまった厳罰化は今も進んでいます。裁判員制度導入によって死刑判決が減少するとの見方もあったけれど、結局は増えています。数字そのものは確かに少なくなっているけれど、そもそも起訴率が下がっているし犯罪件数そのものが激減していますから、相対的には増えている。

民意は常に情緒的です。それは当たり前のこと。しかもほぼ同じ時期に被害者参加制度がはじまって、被害者が法廷に立って証言できるようになりました。メディアも大きく被害者の声を報道します。ならば応報感情がさらに共有されやすくなる。

これまで刑事司法の法廷は、情緒を可能な限り排除してきた。公正さを保つためです。遺族が被害者の写真を持ち込めないとのルールは、別に意地悪で言っているわけじゃなく、法廷は応報感情と一線を保たねばならないとの原則が機能していたからです。でもそれもすっかり崩れました。

先進国としては日本と並んで例外的に州によって死刑制度を存続させているアメリカで

は、遺族に法廷で証言させることについてはとても抑制的です。でも日本はいつもなし崩しです。ポピュリズムの前に原則が簡単に膝を屈してしまう。その結果として情緒が司法に反映されて、しかもメディアがそれをさらに煽るものだから、限りなく情緒に流れていく。こんな悪い奴は存在を抹消しろとの声が高くなる。厳罰化とは英語でPenal Populismとも言われます。つまり刑罰のポピュリズム化。その傾向は確かです。

何が死刑をタブーにしているのか

青木　先日、アメリカで死刑問題をかなり詳細に取材してきた友人に話を聞く機会があったんです。たとえば、死刑制度を存置している州でも、数日前には死刑執行の日取りが公表され、それをネットなどで知ることができる。死刑執行の様子だって、死刑囚の家族や被害者の遺族はもちろん、ジャーナリストが立ち会って取材できる。ベッドに横たわって薬物を投与される現場が窓ガラス越しに確認できるというんです。死刑囚への取材にしても、州によって多少違うらしいけど、ジャーナリストが申し込めば、テレビカメラを回しながらのインタビューも可能。つまり、死刑というのが最高度の国家権力の発動である以上、その手続き

＊1　1995年3月20日午前8時頃、東京都内の地下鉄丸ノ内線、日比谷線、千代田線の車内で化学兵器として使用される神経ガスサリンが散布された事件。この事件で乗客や駅員ら13人が死亡、6000人以上が負傷した。3月22日、オウム真理教に強制捜査が入り幹部らが逮捕。5月16日に教団教祖・麻原彰晃が逮捕された。

に瑕疵がないかどうか、透明性を担保する術がきちんと備えられているわけです。少なくとも、権力を行使する側がそう努め、市民の側もそれを求めている。

翻って日本はどうかと言えば、死刑制度そのものがタブー化し、権力行使のすべての過程が完全なる密行下に隠されてしまっています。メディアやジャーナリストが確定死刑囚にインタビューすることなどもちろん不可能だし、手紙のやりとりすらできない。ごく限定された親族とか、許可された人以外、面会も手紙のやりとりもできない。つまり、死刑囚が何を考えているか、どういう日々を送っているか、それどころか死刑囚本人が生きているのかさえ確認できない。たとえば麻原彰晃[*1]は何をしているのか。ひょっとしたら、もう死んでいるんじゃないのか。そんなことはない、と法務省の役人は言うだろうし、まさか死んではいないと思うけれど、それを実際に市民が確認する術は皆無です。

袴田巖さんだってそうです。刑事訴訟法は、心神喪失の状態にある者は刑の執行を停止せよと定めています。釈放されてだいぶ健康を取り戻したようですが、釈放直後の袴田さんは、明らかに精神を病んだ状態でした。なのに精神鑑定すら行わない。いや、精神鑑定を行うべき状況にあるか否かを外部からは確認できない。恐ろしい話です。麻原だって本来はきちんと精神鑑定をし、治療にあたらせるべきでしょう。

つまり、死刑囚がどういう状況に置かれているのかもわからない。死刑執行が適正に行われているかもわからない。国家の最高度の権力行使がまったく不可視のブラックボックスに隠されている。こんなに異常な状態が放置されているのは、いわゆる先進民主主義国では日本だけです。野蛮なんてものじゃない。法の適正手続きがまったく保障されていない。未開の後進国です。お上のやることには触れるな、ひたすら信じろという封建制度と何も変わりません。

もし仮に今後も死刑制度を存置するのであれば、あるいは存置している現状を追認するのであれば、せめてこうした点をきちんと考察し、改善しなければならない。存置論者とか、存置に固執する政府も、法務省も、なぜこんなに怠けているのかと心底あきれ果てます。

森　怠けている理由は、社会が情報開示を求めないからです。行政は本能として情報を開示したくない。それに対して社会やメディアが、可視化やディスクロージャーを要求する。そうしたダイナミズムがあるとしても、死刑という領域にはまったくそれが働かない。つまり、みんなが求めていない。直視したくない。

青木　それでいったら同じ問いに戻ります。死刑存置を支持する人が八割いるんだったら、その人たちは強く求めるべきです。もっと情報を提供しろと。きちんと執行しているかどうかを知らせるのは国の責務じゃないかと。

一歩間違うと、この国では前近代の公開処刑みたいなものを求める声になりそうで怖いけれど、ひょっとしたら公開処刑のほうがまだまともなんじゃないかとすら僕は思う。だって、国家による最高度の権力行使が市民の眼前

＊1　本名、松本智津夫。1955年生まれ。1989年オウム真理教を設立。1995年5月16日地下鉄サリン事件の首謀者として逮捕。2004年2月、東京地裁で死刑判決。2006年9月15日、最高裁は特別抗告を棄却し死刑確定。

で行われるんですから。確かに残酷だし、近代民主主義を否定するような話ではあるけれど、これほど隠されてしまっている現状よりはまだマシなんじゃないかとすら僕は思います。

森　そこはまったく同意します。残酷というのは見ている僕らが残酷だと感じるということであって、処刑される当人にとっての残虐性は別の位相で考えなければならない。

たとえばギロチンは残虐だと誰もが思うかもしれないけれど、殺される本人にしてみれば、一瞬で首が切断されたほうが楽ですよ。実際にギロチンは当時のフランスで、最も人道的な処刑器具と言われていました。

絞首刑は首がちぎれるケースはあるようだけど、ほとんどの場合は即死しない。場合によっては十分近く心臓が動いていたとの報告もある。ならば死刑囚はその間、吊るされながら地獄の苦しみを味わっている可能性がある。もちろん可能性です。本当のところは誰にもわからない。戻ってきた人がいないわけですから。

そもそも日本は一八七三（明治六）年の太政官布告以来、ずっと処刑方法は絞首刑のまま変わっていません。アメリカは絞首刑から電気椅子、薬物注射などと変遷しました。絞首刑や電気椅子は苦痛を与えているとの情報が公開されるからです。苦痛を与えずに殺すというレトリックはシニカルすぎると思うけれど、でも執行するならば、しっかり見つめようとの意識は日本とまったく違う。最近でも死刑を存置するオクラホマ州やアリゾナ州などで薬物投与の薬物の量が適正ではなかったために死刑囚を苦しめてしまったことで、死刑廃止の声が強く上がりはじめています。

死刑存置を主張する人の多くは、犯罪抑止を口にする。であれば処刑は公開すべきです。日本の執行は密行主義です。執行された人の名前すら最近まで隠されていた。それなのに犯罪抑止をなぜ主張できるのか。

すべて情報公開した上で存置を主張するのなら、それこそ国際世論がなんと言おうが、たとえ世界で最後の死刑存置国になろうが、胸を張って執行すればいい。

青木　とてつもなく野蛮で、とてつもない恥を世界にさらすことになりますけどね。ただ、巷《ちまた》にはびこる存置論を突き詰めれば、そういうことになると思います。

森　大学で学生たちに死刑について質問します。存置か廃止を問えば、やはり半分以上は死刑存置を主張する。でも次に存置を主張する学生に日本の死刑執行の方法を聞けば、半分近くは知りません。電気椅子などと言っている。そのレベルで本質の議論などできるはずがない。そのレベルで内閣府のアンケートをやっても意味がない。野球というスポーツを誰も見たことがない。ルールも知らない。そのレベルで好きか嫌いかを聞くことに等しいです。

死刑とはどのような制度なのか、どのような手順で執行するのか、死刑囚はどんな生活を送っているのか、そもそもどんな人たちなのか、日々何を考えているのか、それを僕らが知った上で、死刑が必要かどうかという議論があるのであれば、まだわかります。でもそういった情報公開がまったくない。そしてない理由は、社会を構成する僕らが求めないからです。

青木　僕は求め続けますけれどね。もちろん最終的には死刑廃止を求めますが、現状の存置を前提としたって、情報公開は求めなくてはならない。でないと、単に無知で野卑な封建主義国家の住人に堕してしまう。

森　先ほどメディアの話で日米を比較しました。市場原理に帰属してしまうことは日本もアメリカも同様だけど、ビジネスとジャーナリズムの狭間でアメリカは必死に歯をくいしばっている印象がある。死刑制度についても同様です。軋みがあるんです。アメリカは存置国ではあるけれど、廃止する州が最近は増えている。最新のデータでは一九州が死刑を廃止し、存置三一州中六州が、この一〇年間死刑を執行していない。ならば州のうち半分以上が死刑を執行していないということになる。ロイターが実施したアンケートによれば、死刑存置を主張するアメリカ国民は六割弱。日本との違いは歴然です。数年前（二〇〇九年）に廃止したニューメキシコ州の知事は、日本は最後の存置国になるかもしれないと言っています。

死刑囚と向き合う被害者遺族

青木　先ほど話したように、被害者遺族といっても、決して一様ではありません。僕が『絞首刑』を書くために取材した範囲内だけでも、加害者と直接面会して死刑を望まなくなった被害者遺族が二人いました。一人は、保険金殺人で弟さんを殺された原田正治さん。原田さんは死刑制度廃止まで訴えるようになったことで知られていますね。もう一人は、元少年らが引き起こしたとされる木曽川・長良川リンチ殺人事件[*1]の被害者遺族です。

この事件で死刑判決が確定している元少年は三人いるのですが、このうち小森淳君というん加害者のもとをある日、被害者遺族のお母さんやお兄さんが面会に訪れました。僕がお母さんに取材で話を聞いたら、当たり前だけれど、赦したわけじゃないと。ただ、一生懸命に謝罪の手紙などを送ってよこして、必死に反省しているようだから、一回くらい会いに行ってあげようかなと思ったと言うんです。実際に面会してみると小森君の真摯な態度に心を打たれ、中でもお兄さんは以後も面会を重ね、小森君を死刑にしないでくれと最高裁に嘆願書まで出してくれるようになりました。小森君を死刑にしたって弟が戻ってくるわけじゃないし、一生懸命に反省しているようだから、生きて償わせたほうがいいじゃないかと言ってね。小森君を目の当たりにして心情に大きな変化が出たんでしょう。

これも先ほどの話に通じる点があると思うんだけれど、それは原田さんや小森君と被害者遺族の関係って、一定の時間が経過してから加害者との接触が実現しているということで

＊1　大阪・愛知・岐阜連続リンチ殺人事件。1994年9月28日から10月7日までに3府県で発生した未成年の少年グループによるリンチ殺人事件。2001年7月、名古屋地裁は主犯格の少年3人に対し、1人に死刑、2人に無期懲役の判決を下した。2005年10月、名古屋高裁での控訴審で3人全員に死刑判決が下された。同じ少年犯罪で複数の被告に死刑判決が下されたのはこれが初めて。2011年3月10日、最高裁判所は上告を棄却し死刑確定。死刑確定によって更生の可能性が事実上なくなったことを受けて、各報道機関は3人の実名を公表した。

す。たとえば原田さんのケースでは、加害者はもう死刑を執行されてしまいましたが、時間とともに加害者が贖罪の念を深め、必死になって謝罪の手紙を送り続けた。原田さんによれば、それを見て一回くらい会いに行ってみようかという気持ちになって拘置所を面会に訪れた。最初は怒鳴りつけてやろうと思っていたんだけれど、実際に加害者と対面し、話をしてみるうち、別の感情が生まれてきたと言うんです。

小森君のケースも同じです。会うと複雑な感情が生まれる。加害者は別にモンスターじゃないし、対面して話をすれば、一人の人間にすぎない。もちろんすべてのケースがそうであるわけではないけれど、どこかの段階で加害者と被害者側が接触できるようなルートが開かれていれば、こうした被害者遺族がもっと現れてくるんじゃないかと思う。無理強いすることなどもちろんできないし、するべきでもないけれど、そういう道が制度としてあっていい。

ところが、現在の法務省は、これすら許さないんです。原田さんは加害者と面会を続けていたけれど、死刑が確定してしばらく後、拘置所が面会を許可しなくなってしまった。原田さんは憤って法務省に抗議したけれど、頑として認めない。小森君と被害者遺族のお兄さんもそうです。

これは先ほどのメディア取材の問題にもつながります。確定死刑囚は外部との接触がほとんど絶たれ、ブラックボックスの中に隠されてしまう。人権上も大いに問題だし、隠されることで勝手にこちら側がモンスター化させてしまう。そうではなく、メディア取材や被害者側との交流のような外部とのやりとり――これを接見交通（四九頁）というんですが――をもっと開かれたものにすれば、いろいろな化学反応みたいなことが起きる。決してモンスターなどではなく、赦されぬ罪を犯してしまったけれど、一人の人間なんだということも伝えられる。

森　被害者遺族と加害者や加害者家族との交流。いわゆる修復的司法ですね。この試みが日本ではほとんどなされていない。

宮崎市で二〇一〇年に、義母と妻と子どもの三人を殺害した奥本章寛さん[*1]の死刑が二〇一四年に確定しました。判決理由で最高裁の山浦善樹裁判長は、「叱責や説教をされていた義母との同居生活から逃れるため、三人の殺害を決意したのはあまりに短絡的で身勝手だ」と指摘して、包丁やハンマーを用いた犯行は強い殺意と計画性があって死刑はやむをえないと述べました。まあ判例的に考えれば、家族三人を殺害しているのだから、死刑判決は当たり前です。でも確定前、奥本の死刑判決を回避してほしいと運動している人たちに呼ばれて、集会に参加するために宮崎に行きました。

驚きました。地域の人たちがほとんど一体になって、被告の奥本章寛さんをなんとかして救いたいと泣きながら訴えている。中には被害者遺族もいます。誰もが死刑回避を願っている。みんな奥本さんの人柄を知っているんです。彼がいかに生活や状況に追い詰められていったかも知ってい

＊1　2010年3月1日、宮崎市で生後6カ月の長男と妻、義母を殺害した。2010年12月、宮崎地裁は死刑判決。2014年10月、最高裁で死刑が確定した。奥本被告の真面目な性格や事件の背景にある義母との確執が明らかになるにつれ支援の輪が広がった。

る。誰からも好かれる男だったようです。だからせめて死刑だけは回避してほしいと、多くの人が嘆願書に署名しました。

でも結局、死刑判決が確定してしまった。そういえばこの集会には、原田正治さんも呼ばれていました。出会いは大事です。人は変わります。モンスターだから人を殺すのではない。そうしたことに気づくことができる。

青木さんは過去に、死刑確定者との面会の際に写真を撮って週刊誌に掲載したことで、大騒ぎになったことがありましたよね。あの人が……。

青木　ええ、小森君です。あれは正確に言うと、死刑確定者ではなく、確定直前の被告人段階だったんです。二〇一一年三月十日に最高裁が小森君たちの上告を棄却したんですが、僕が写真を撮影したのはその直後。手続き的には弁護団が異議申し立てをしましたから、まだ最終的に判決は確定していなかった。だからあくまでも刑事被告人段階です。

あの写真の撮影と掲載については、法務省や拘置所は怒り狂い、弁護士会などからも批判を受けましたが、なぜああいうことをしたかといえば、僕は伝えたかったんです。小森君は決して極悪非道なモンスターなどではない。犯してしまった罪に押しつぶされそうになりながら、贖罪の方途を必死に探っている一人の人間なんだ、ということを。

正直に言えば、僕も死刑問題の取材をはじめた当初は、死刑囚とはいったいどんな連中なんだろうと思う面もありました。しかし、少なくとも僕が直接取材した死刑囚や死刑被告人の中に、どうしようもない極悪人なんて一人もいなかった。森さんが例示した宮崎の事件もそうだろうけれど、むしろ弱い連中です。追いつめられてカッとなり、わけもわからないうちにとんでもないことをしてしまったとか、集団のムードに流されて取り返しのつかないことをやってしまったとか……。

森　強いて共通項を挙げれば、気の小さい人たちが多い。気が小さいから必死に我慢して視野狭窄して無我夢中になってしまう。あとは周囲に合わせてしまう傾向の強い人かな。

青木　中でも僕が長期間取材した木曽川・長良川リンチ殺人事件の小森淳君は、恐ろしく人のいいヤツでした。こんなことをやっちゃいけないと思いながら、「やめよう」というちょっとの勇気が出せなかった。エスカレートする集団のムードにズルズルと引きずられ、計四人もの命を奪う陰惨な事件を引き起こしてしまった。途中で逃げ出すことだってできたはずなのに、なぜそうしなかったのか、聞いたことがあるんです。そうしたら「あの中では僕が一番年上だし、逃げるのは卑怯だと思った」と言うんです。わずか数カ月程度ですが、自分が年長者だということを意識したんだと。バカな話だけど、そんなヤツです。

そんな小森君に僕が面会取材をはじめたのは、事件発生から十年以上経った段階でしたが、小森君は必死で贖罪の方途を探っていました。被害者の遺族に謝罪の手紙を出し続ける一方、拘置所内では袋張りとか、ビニール袋に紐を通す仕事とかをやっていた。未決の刑事被告人の段階ですから、本来はそんな仕事をやる義務は一切ありません。でも、小森君は自ら願い出て一生懸命にやって、一日何百円にもならない仕事で貯めたカネをこつこつと被害者遺族に送っていた。

本も、たくさん読んでいました。犯罪被害者や遺族の手記なんかも読んで、いかに自分のやったことがヒドいことかを必死に噛みしめようとしていた。僕は人を見る目がそんなにあると思わないけれど、こいつだったら、明日、拘置所から出てきても、たぶん歯を食いしばって生きていくだろうと思うような子だった。

しかし、小森君に関する事件当時のメディア報道は、どこまでも鬼畜の極悪人というトーンばかりで、その後の散発的な報道も大同小異でした。僕が面会したときのような素顔は、彼の実像は、どこでも伝えられていない。しかも最高裁が上告を棄却し、死刑判決が確定してしまえば、僕はもう取材はおろか面会すらできなくなってしまう。ならば、せめてそれだけはきちんと伝えなければと思ったんです。

もちろん、写真を撮って掲載すれば、大きな反響を呼ぶことは承知していました。小森君は犯行時に未成年です。ご存知のとおり、犯行時に未成年の者の実名報道を少年法は禁じています。

ただ、考えてみてください。少年法が触法少年の実名報道を禁じているのは、将来の更生可能性などを考慮したものだとされています。メディア報道を法律で規制することには大反対だけれど、この少年法の精神はそれなりに大切なものだと考え、僕は『絞首刑』などでも触法少年の実名報道は控えてきました。一部週刊誌などがこれまでやってきた触法少年の実名報道も嫌悪感を持って眺めていました。

しかし、小森君の事件について最高裁は上告を棄却したわけです。つまりこの国の刑事司法は、小森君には死刑が適当だと判断した。言い換えるなら、将来の更生可能性も、更生の必要もなく、死の刑罰こそがふさわしいと断じたわけでしょう。その瞬間、少年法の精神など吹っ飛んでしまう。この国の刑事司法が、小森君には少年法の精神など適用する必要はないと宣言したに等しい。

僕は、絶対に違うと思った。更生の可能性は十分あるし、すでに更生の道を確実に歩みはじめていると感じていた。せめてそのことを、一人のメディア人として、きちんと伝えたいと思った。『絞首刑』のもととなる連載は『月刊現代』でやったんだけど、担当編集者が『フライデー』に異動していて、この記事も『フライデー』に発表する予定だったから、写真を撮ったほうがいいというのも必然的な話だった。小森君の実像を知らせるには、むしろ写真は必須だろうなとも考えました。

案の定、法務省と拘置所当局は怒り狂いました。役所らしいなと感じたけれど、『フライデー』の編集長には法務省矯正局長名義の抗議文が送りつけられ、僕の仕事場には名古屋拘置所長からの抗議文。それはまあ予想の範囲内なんですが、さらに考えなければならないのは、拘置所で面会中に写真を撮ってはいけないなどという法律など一つもないという点です。

現状では、写真どころか録音もしちゃいけないことになっているけれど、そんなことを定めた法律はどこにもない。すべては法務省の内規、通達などで禁じられているだけなんです。

どうしてこれにみんな文句を言わないんでしょうか。特に事件報道が大好きなメディアの連中は、どうして文句を言ってこなかったのか、不思議で仕方ない。無罪推定が効いている刑事被告人に取材する際、録音もできない、写真も撮れない、その根拠が法務省の内規だなんていう状況は、死刑囚が完全に隠されてしまっているのと同様、明らかに異常です。

断っておきますが、僕が写真を撮って報じたことに対し、小森君から抗議が寄せられたなら、真摯に対応しなければならないと思っていました。他方、法務省や拘置所からの抗議や文句なんて、まったく相手にするつもりもありません。そもそも内規や通達で録音や写真撮影を禁じていること自体がおかしいんですから。

法律以上に厳重に外部から遮断される死刑囚

青木　古い刑務官の手記などを読むと、かつては死刑執行の事実を前日の夕方くらいまでには死刑囚本人に告げ、場合によっては家族を呼んで最後に話をさせたりとか、その場に立ち会って刑務官も一緒に話を聞きながら涙を流した、なんていうこともあったようですね。ところが現在は当日の朝にいきなり通告し、そのまま刑場に連行していくのですが、昔のほうが多少は人権感覚というか、そんなものが……。

森　人権じゃなくて人情でしょう。人として当たり前のこと。

青木　そうですね。ある種の人情とでもいうべきものでしょう。

森　免田栄《めんださかえ》さんは死刑が確定してからも、毎日死刑囚のチームで野球をしていたそうです。西鉄ライオンズの豊田泰光《とよだやすみつ》さんなど数人のプロ選手が慰問に来たときも、一緒に対抗試合をしたと聞きました。今では絶対にありえない。野球どころか死刑確定囚は他者と話すことすらほとんど許されていない。死刑執行の告知が当日になったのも法務省の通達です。

青木　前日に告知し、自殺だか自殺未遂だかしてしまった例があったようですね。

森　未遂じゃなくて自殺しちゃったと聞いています。だから自殺できないように、直前に知らせるようになった。

青木　つくづくグロテスクな話です。殺すために生かしておかねばならない。最終的には殺すのに、それまでは生かし、死なれたら失態になってしまう。だから管理を強化し、最低限の人情すら排除していく。以前、バカな法務大臣が死刑執行について「ベルトコンベア」とか「自動的に」とか口走って批判を浴びましたが*1、むしろ人間の側が機械化されてしまっている。

拘置所施設の近代化も、状況を悪化させているようですね。東京

＊1　鳩山邦夫氏の法務大臣在任期間中(2007年8月27日～2008年8月2日）の発言。「法相が絡まなくても自動的に死刑執行が進むような方法があればと思うことがある」「ベルトコンベアというのは何だが、（執行の順序が）死刑確定の順序なのか乱数表で決まっているのか分からない」等の発言をした。在任中には13人の死刑執行を命じ、これは、1993年3月の死刑執行再開以降の法相では最も多い。

拘置所なんかもそうだけれど、旧庁舎の頃は窓から外の様子が見えたり、樹木や四季の移ろいぐらいは感じられたけれど、今は外なんかほとんど見えないそうです。死刑囚同士の交流もなくなったし、外部との接見交通は徹底的に制限されている。

森　だからほとんどの死刑確定囚は精神的に壊れます。ならばこれは拷問と言ってもよい。アムネスティ・インターナショナル[*1]は二〇〇九年、日本の多数の死刑囚は「残酷であり、非人道的かつ品位を傷つける」状態に置かれているために、「深刻な精神障害を発症する高い危険にさらされている」という報告書を出しています。客観的に見て、ひどいってことだよね。

青木　世界でも最悪レベルでしょう。途上国や独裁国家などはともかく、少なくとも先進民主主義国家では一番ひどい状況が放置され続けている。

ものすごくバカげた例を一つ話しましょう。先ほどの木曽川・長良川リンチ殺人事件で死刑判決が確定した三人の元少年ですが、彼らは裁判の期間中、いずれも名古屋拘置所に収監されていて、僕は何度も面会取材のために名古屋拘置所に通いました。

刑事収容施設ごとに若干の差異はありますが、名古屋拘置所の場合、一回の面会時間は十五分から二十分程度なんです。東京や大阪もそうです。だけど、わざわざ東京から足を運んでも、その程度じゃ本質的な話は何も聞けない。必然的に何度も何度も通わなくてはならなくなってしまう。

一方、収容されている被告人側としては、面会できるのは原則として一日一組に限られているんです。たとえば僕が面会してしまえば、その日は他の人と面会できなくなってしまう。家族であろうと、恋人や親友であろうと、面会できなくなってしまう。まだ未決状態で、無罪推定の原則が効いている被告人段階なのに、これほどの制限下に置かれてしまう。そもそも法律上（刑事収容施設及び被収容者等の処遇に関する法律）の定めでは、未決拘禁者の面会は「一日一組を下回ってはいけない」となっているんです。これを素直に読めば、不当な面会制限をしないよう拘置所側に釘を刺した内容なのに、拘置所側は逆に解釈して「一日一組に会わせれば十分だろう」という運用をしてしまっているわけです。

もっとバカバカしいのは、僕は名古屋拘置所に行くと、三人と面会したいわけです。そのために拘置所の玄関を入るとき、厳しいチェックを受けなければならない。携帯電話などはロッカーに預けさせられ、カバンの奥までまさぐるような持ち物検査を受け、金属探知機まで通らされる。ようやく面会待合所にたどり着いて面会を申請しても、延々と待たされ、ようやく一人と面会ができてもわずか十五分から二十分程度。仕方ないから別の二人にも面会しようと思って待合所で申請すると、「あなたはもう面会を済ませたじゃないか」と言われる。いくら抗議しても「決まりですから」「もう一人と面会したいなら、一度庁舎を出てから出直しなさい」と絶対に譲らない。結局、携帯電話などをロッカーから取り出して庁舎を出て、すぐに取って返してまた携帯などをロッカーに預け、持ち物検査や金属探知

＊1　1961年に発足した世界最大の国際人権NGO。紛争、貧困、拷問、差別など活動は多岐にわたる。1977年にはノーベル平和賞を受賞した。

機のチェックを受け、待合所で延々と待って面会するという作業を三回繰り返さなければならない。十五分から二十分程度の面会を三回するだけで一日が潰れてしまう。

繰り返しますが、そんなことを定めている法律はどこにもない。すべては内規や通達で運用されているんです。刑事司法の世界で言えば、接見交通権[*1]は最も大切な権利の一つなのに、これほど制限されてしまっているのは明らかにおかしいし、メディアの世界から言えば、未決段階の被告人への取材がこれほど難しい状況に置かれていることになぜ異議の声が上がらないのか。

小森君の写真を撮って記事を掲載したのは、そのことへの抗議のトライアルという意味もあったんですが、以後の一時期、僕は一部の拘置所や刑務所で出入り禁止になりました。面会取材を申し込んでも不許可。理由も説明されない。

森　法は存在しないのに強権を発動する。面会できなくなることが怖いからメディアが自粛する。どこの国の話だろうと思いたくなる。

青木　『フライデー』に小森君の記事を掲載した後、法務省の抗議を受けて各新聞が記事を書いたんです。しかし、大半は「『フライデー』が隠し撮り」というトーンだった。しかも小森君の弁護士のところに押し寄せた記者たちは「『フライデー』に対して出版差し止めの申し立てをしないのか」と聞いたそうです。メディアの記者が他のメディア報道に「出版差し止め」などを迫るのは、メディアの自殺行為に近い。僕はむしろ法務省や拘置所の姿勢にメディアが抗議すべきだと思ったのですが、そんな声はまったく上がらなかった。これにはがっかりしました。

お役所仕事に支えられる死刑制度

森　死刑が確定した後に接見交通が制限されることについても法的根拠はないのかな。

青木　一応あります。「刑事収容施設及び被収容者等の処遇に関する法律」(刑事施設収容法)は、一二〇条で、死刑確定者の面会は「死刑確定者の親族」や「面会により死刑確定者の心情の安定に資すると認められる者」について「許すことができる」と定めています。ただ、「心情の安定に資する」かどうかを判断するのは法務省や拘置所です。すべては法務省や拘置所の判断次第になっているんです。

森　『A3』(集英社インターナショナル、二〇一〇年)を書いていた頃、オウムの死刑囚に会うために東京拘置所に通いました。時期としては二〇〇四年から二〇〇六年にかけて。この時期の東京拘置所は面会窓口でマスコミ関係者に対して、「面会で聞いたことは絶対に口外しない」と記された誓約書にサインを強要されました。

青木　旧監獄法の時代ですね。実を言うと、現在の刑事施設収容法は二〇〇五年にできたばかりの法律で、それまでは明治時代に制定された監獄法がそのまま通用

＊1　身体の拘束を受けている被疑者または被告人が外部の人物と面会(接見)し、また書類や物品の授受(交通)をすることができる権利。

していたんです。あまりにアナクロで前時代的ではないか、という弁護士会などからの長年の批判を受け、ようやく新たな法律がつくられ、以前に比べると接見交通に関する状況も多少は改善されたようです。

森　刑事施設収容法になって東京拘置所からそのシステムは消えたけれど、法が変わる以前も、たとえば名古屋拘置所などではそうした誓約書は存在していなかった。要するに東京拘置所の内規です。なんら法的根拠がないから、僕は面会で彼らが話したことを『A3』に書きました。あの頃はオウムの死刑囚たちに『A3』が掲載されている『月刊PLAYBOY』を送っていたけれど、なんのお咎めもなかった。

青木　同感です。もっともっと問題提起するべきだと思います。メディアは萎縮せずに報道すべきです。特に写真撮影や録音・録画などは法的根拠などないわけですから、メディアがそろって声を上げて認めさせるべきでしょう。

先ほど申し上げたとおり、未決拘禁者の面会回数だって、刑事施設収容法は「一日一回を下回ってはならない」としているんだから、何度だって面会可能なはずなんです。『絞首刑』の取材の際、名古屋拘置所ではこんなこともありました。僕が東京から名古屋拘置所に行って面会を申し込んだら、すでに他の面会者が面会してしまったらしく、拘置所の職員は「もう面会はさせられない」と言うんです。しかし、僕はわざわざ東京から来たわけだからなんとかならないかと食い下がったら、別の職員が「今日は特別ですよ」と言って面会をさせてくれた。先ほど森さんが言った人情の世界かもしれないし、なかなか気の利いた職員だとは思うけれど、本来はそうあるべきなんです。

森　法的根拠はないから逆にそういうことができる。

青木　ええ。だから拘置所の所長が変わると急に制限が厳しくなったりもする。面会時間だって、大都市の拘置所は十五分か、長くても二十分程度ですが、地方の刑務所や拘置施設に行くと三十分くらいオッケーだったりする。

なぜそんなことになるのかと言えば、面会には必ず刑務官が付き添ってメモを取っているでしょう。あれも一因らしいんです。あんなことをしているから、大都市の拘置所などでは人手が足りなくて、一回の面会時間が短くなってしまっていると聞いたことがある。僕が長く駐在した韓国の刑事収容施設だってあんなことはしていないし、アメリカの拘置施設だって、あんなことはしない。もっとオープンな場所で面会させればいいんです。

僕にとって一番不快なのは、取材ができないということです。被取材者の意思で取材に応じないとか、話してくれないというのは、どんな取材でもあるけれど、その前の段階で、そもそも被取材者にアプローチできない。『絞首刑』にも書いたけど、死刑囚本人はいろんな思いを抱えていて、それを発信したいと思っていても、そこにたどり着くことすらできない。そのくせ、国会議員を通じて手紙を送ると、死刑囚本人にすんなりと届いたりしてね。いかにもお役所です。強い者には弱く、弱い者には強い。取材していてバカバカしいことばかりでした。

メディアに冤罪事件は防げるか

森　僕は光市母子殺害事件*1の福田孝行さんの特別面会人です。というか、なるはずだった。いまだにその権利はある。死刑が確定した後に彼の義理の母親から、彼が特別面会人になってほしいと言っていると連絡があって、承諾しました。あれからもう三年が経つのに、広島拘置所からはいまだに何の知らせもありません。

青木　なんの連絡も？

森　ない。抗議もしづらい。だって彼を人質にとられているようなものだから。僕以外の特別面会人は、親族の他、綿井健陽《わたいたけはる》（フリージャーナリスト。ドキュメンタリー映画監督）や浅野健一（フリージャーナリスト。元同志社大学教授）さんなどと聞いています。明らかに拘置所や法務省からは嫌われそうな顔ぶれだとは思うけれど。

青木　綿井さんも面会を続けていたんですね。

森　そうです。特別面会人という制度があるのに、顔ぶれによっては認めない。しかもダメだという連絡もないから、こちらは何もできない。

青木　先ほど申し上げたとおり、法務省と拘置所の判断次第です。「死刑確定者の心情の安定に資すると認められる者」という極めてあやふやな規定を根拠にして。

森　あやふやです。特別面会人の数も拘置所によって違うし。

青木　僕が聞いたケースでは、合計で五人という枠が当局側から示され、本人の意向などを踏まえて法務省と拘置所が決めるということでした。まずは家族や親族、それに有力な支援者や知人、友人などになるのでしょう。ただ、家族や親族じゃないとダメだという杓子定規な判断もあって、特別面会人になるために結婚したり養子縁組したり、かと思えば意外に緩い面もあるのか、ジャーナリストが特別面会人になっているケースも結構聞きます。確か辺見庸（作家）さんが大道寺将司[*2]との面会を続けているでしょう。

森　太田昌国（評論家・編集者）さんもそうです。彼は従兄弟だから親族かな。

青木　辺見さんはもう一人、元少年の死刑確定囚とも面会していると聞きました。僕なんかはおそらく全部ダメでしょう。完全にブラックリストに入ってしまっている。

森　僕も難しいでしょうね。まあそれはともかくとして、死刑確定者の接見交通の制限にはなんの根拠もない。

＊1　1999年4月14日に山口県光市で発生した少年犯罪事件。当時18歳1カ月の少年により主婦が殺害後屍姦され、乳児（生後11カ月）も殺害された。2000年3月、山口地裁は無期懲役の判決を下した。2002年3月、広島高裁は控訴を棄却したが、2006年6月、最高裁は広島高裁の判決を棄却し審理を差し戻した。2008年4月、広島高裁で死刑判決。2012年3月に死刑確定。この事件では被害者の夫が「犯罪被害者の権利確立」を訴え、犯罪被害者等基本法の成立（2004年6月）にも影響を与えた。

＊2　1972年末東アジア反日武装戦線「狼」部隊結成。昭和天皇暗殺を計画したお召し列車爆破未遂事件（虹作戦、1974年）及び三菱重工爆破事件（1974年）等連続企業爆破事件を起こす。1987年3月、死刑確定。2015年現在、再審請求中。

青木　正確に言うと、法的根拠はあるけれど、極めてあいまい、ということです。もっと言えば、そもそもこれほど制約をしている状況が異常だということは強調しておかねばなりません。

たとえば、最近高まっているメディア批判の声の中で、事件報道に狂奔する大メディアは当局のリーク情報ばかり垂れ流しているじゃないか、というのがあって、それはそのとおりなんです。当局情報に踊らされ、冤罪づくりに加担してしまうことすら多いんですが、実態を考えてみると、メディアの取材が加害者側というか、被疑者側になかなかアクセスできないこともあるんです。

僕は今でも思うんだけれど、たとえば足利事件の菅家利和[*1]さんに優秀な記者が早い段階で面会取材をしていればはたしてどうだったろうか、と。ひょっとすると冤罪の可能性が高いと気づいたんじゃないかと思うんです。菅家さんは当初、警察の調べで容疑を認めさせられてしまうんだけど、一審の途中からそれを翻し、必死に無実を訴えるようになった。その菅家さんに心ある優秀な記者が面会し、直接取材すれば、違う展開だってあったのではないか。まして足利事件は、同時期に同じような幼女殺害事件が何件か起きているのに、菅家さんはそのうち一件でしか逮捕、起訴されていない。明らかにおかしいわけだから、菅家さんに話を聞き、地道に取材する記者がいたとすれば、もっと早く菅家さんの無実は証明された可能性がある

ところが現状では、記者が菅家さんに会いたい、面会取材したいと考えても、逮捕直後は

完全に不可能でしょう。その後も接見禁止処分がつけられ、裁判段階にでもならないと面会はできない。ようやく面会ができるようになっても一日一組しか会えないから、ある社の記者が面会してしまえば、その日は別の社の記者は面会できない。被告人側にだって別の面会予定があるだろうし、これではメディアが加害者側、容疑者や被告人とされた者の側にアクセスするのは極めて困難です。

これはおかしい。もうちょっと接見交通権をきちんと保障すべきではないか。別に人権派の記者じゃなくとも、被疑者や被告人に取材する機会が広がるのは、メディアにとって悪いことじゃない。むしろ当然の欲求でしょう。だから声を大にして法務省、刑事収容施設側に訴えていくべきなんです。

森　強く同感します。がんばっている記者やディレクターは少なくないけれど、でも総体としてメディアの問題と責任は最も大きいです。

誰が死刑執行を決定するのか

青木　これも日本の死刑制度をめぐるタブーというか、ナゾのうちの一つなんだけれど、いったい誰がどういう順番で

＊1　1990年5月12日、足利市内のパチンコ店駐車場で女児（当時4歳）が行方不明になり、翌日に他殺体として渡良瀬川の河川敷から発見された事件。1991年12月、菅家さんが自白を強要され逮捕・起訴された。1993年7月、宇都宮地裁で無期懲役の判決。弁護団がDNAの再鑑定を求めるも認められず、2000年7月、最高裁判所で無期懲役が確定する。2008年12月、東京高裁がDNA再鑑定を決定。2009年4月、再鑑定の結果「DNAは不一致」となる。同年6月4日、菅家さん釈放。6月23日、東京地裁が再審を決定した。2010年3月26日、宇都宮地裁にて無罪判決。

執行の順番を決めているのかというのが誰にもわからない。一部は取材して『絞首刑』に書きましたが、法務省の刑事局総務課に局付きの検事が何人かいるんです。その局付き検事たちを総務課のナンバー2が指揮し、次はどの死刑囚の執行起案書をつくるか、差配しているらしいんですね。捜査段階から一審、二審、最高裁までの資料、場合によっては軽トラ一台分くらいになるらしいけど、その全資料を局付き検事が読み込む。今はどうかわからないけれど、かつては「宅調」といって、自宅に何日もこもって作業をしていたこともあったらしい。

その局付き検事を経験した人物にも話を聞いたんですが、資料を読み込み、どこかに少しでも「傷がある」と判断すれば、起案すべきではないという結論を出すというんです。捜査や裁判の過程の中でなんらかの「傷がある」、つまりは瑕疵があると判断すれば、執行の起案書を書かないと。他方、「傷がない」、つまり問題がないと判断したら起案書を書く作業に入る。それが刑事局の総務課長、刑事局長、官房長らを通じて法務大臣に上がっていって、法務大臣が執行命令を出せば執行される。

このあたりも完全なブラックボックスに隠されてしまっている。本来なら、法務省担当や司法担当の記者がもっと突っ込んで書けば、それこそ特ダネの宝庫なんじゃないかと思う。この死刑囚はなぜ起案されないのか。「傷がある」ということは冤罪の可能性があるんじゃないか。僕が法務省の元幹部から聞いた話では、獄中で病死したある死刑囚の事件では、何度か起案直前までいったんだそうです。しかし、局付き検事の判断は「傷がある」。どうやら捜査の過程に見逃すことができない問題点があったから、起案にまで至らなかった、という話でした。

森　連合赤軍の坂口弘が処刑されない理由は、日本赤軍の坂東國男がいまだ指名手配中だからと言われている。大道寺も同じような理由じゃなかったかな。

青木　ええ。大道寺あや子とか、東アジア反日武装戦線のメンバーの一部がまだ逃走中[*1]ということもあるんでしょう。共犯が逃亡中の場合、起案されないのが通例ですから。しかし、本当のところはよくわからない。

森　今も政権支持率が下がるたびに麻原の処刑が近いとの記事が雑誌などによく掲載されます。民衆の敵である麻原を処刑すれば支持率が上がるとの前提ですね。でも本当にそんなことで支持率は上がるだろうか。そして何よりも、今の麻原に受刑能力はあるのだろうか。とてもじゃないけれど、そうは思えない。彼は公判中にすでに正常な意識を保っていなかったと僕は断言します。でも放置された。奇妙な言動は詐病だとして一蹴された。

民主党政権下（二〇〇九年九月～二〇一二年十二月）で法務大臣に就任した平岡秀夫さんが、東京拘置所で麻原を見たそうです。まあ正確には、独房に設置されたカメラを通して見たということのようだけど。どんな様子でした

＊1　三菱重工爆破事件（1974年）等連続企業爆破事件により、大道寺将司・あや子を含む主要メンバーは逮捕されたが、1977年9月、日本赤軍によるダッカ日航機ハイジャック事件で超法規的措置として大道寺あや子は釈放、連合赤軍へ合流した。

かと尋ねたら、筆舌に尽くしがたいと答えてくれた。それ以上は勘弁してくれとも。とにかく公開の場に出せるような状態ではない。見せてしまったら死刑にできなくなる。

だからこそ、その後に捕まった高橋克也[*1]や菊地直子[*2]、平田信《まこと》[*3]の裁判に、死刑が確定した多くの幹部信者が証人として出廷したけれど、最大のキーパーソンであるはずの麻原は、まったく法廷に呼ばれない。本当ならメディアが、なぜ麻原を証人として出廷させないのかと疑問を提示すべきなのに。

そもそも麻原法廷はとんでもない裁判でした。公判途中で彼の意識は完全に崩壊していたと僕は思います。大小便は垂れ流し。でも裁判は続けられた。さらに、彼の有罪を立証するため、つまり共謀共同正犯を認定させるための証拠は、井上嘉浩《いのうえよしひろ》（オウム真理教元幹部）死刑囚が証言した「リムジン謀議」のみです。ところが井上自身が後に、自らのその証言を「実はそんな会話はなかった」と覆している。

最近は菊地直子の高裁判決で、菊地は爆発物と知りながら運搬したとする井上の証言を、高裁は「不自然に詳細かつ具体的で、信用できない」として無罪判決を言い渡した。つまり彼の証言は嘘の可能性が高いということです。ならば麻原裁判はどうなのかと見直しをすべきです。でもそんな声もメディアからはまったく上がらない。日本をこれほどに大きく変えた事件の首謀者の裁判なのに。

青木　ええ。確かに麻原処刑情報は、少し前に幾度か流れましたね。どこまで信憑性のある話かどうかわかりませんが、法務省内部で麻原の処刑を検討しているという話は、それなりに信用できる筋から僕も聞きました。でもそれは、二重三重の意味で近代民主主義を否定する大愚行です。

おっしゃるとおり、裁判所も検察も詐病と決めつけていますが、本当に詐病なのか。もし詐病でないとするなら、心神喪失の状態にある者は死刑執行を停止すると定めた刑事訴訟法に違反する。仮に詐病だとするなら、やはり高橋克也らの公判に呼ぶべきでしょう。少なくとも、呼べという声が出てしかるべきです。なのにそんな声が出ないのは、みんな詐病じゃないということを知っているからでしょう。知っていながら頬被りしている。見て見ぬふりを決め込んでいる。

オウム事件についてはまた後で話すことになると思いますが、麻原法廷がとんでもない裁判だったというのもまったくそのとおりだと僕も思います。戦後日本の刑事事件史でも最大級の事件だったというのに、首謀者とされた男の裁判が事実上、一審しか行われていない。とてつもない異常です。オウムも異常なら、この国の刑事司法もメディアも人々の振る舞いも異常。

＊1　オウム真理教の元信徒。地下鉄サリン事件ではサリンを散布した実行犯の送迎役を務めたとして警察から特別指名手配された。菊地直子逮捕以降は「最後のオウム逃亡犯」などと呼ばれた。2012年6月に逮捕。現在公判中。

＊2　オウム真理教の元信徒。地下鉄サリン事件においてサリン製造プロジェクトに関与した殺人及び殺人未遂の容疑で特別指名手配された。1996年11月以降は足取りが途絶えたが、2012年6月に逮捕。

＊3　オウム真理教の元幹部。「島田裕巳宅爆弾事件」での爆発物取締罰則違反などにより、1995年5月以降特別指名手配されていたが、2011年12月31日に突如警視庁丸の内警察署に出頭、翌1月1日に逮捕された。2016年1月13日、最高裁は上告を棄却、懲役9年が確定した。

見たくないものを見ないことにしてやり過ごそうとしている。それは、死刑制度の実態すら知らないのに圧倒的多数が死刑制度を支持してしまっている現状に通底していると思います。
ただ、民主党政権にはいろいろ問題はあったけれど、死刑制度をめぐる闇の一端が漏れ出てきた、という面もありました。平岡法相もそうだし、千葉景子法相の時代も、東京拘置所の刑場が初めて公開されましたね（二〇一〇年八月二十七日）。

森　本当は初めてじゃない。東京や大阪では戦後に何度かメディアに公開しています。法務省が「初めて」を使った理由は、あくまでも例外的な処置だと強調したいからでしょう。少し調べればわかることなのに、メディアは法務省のレクそのままにそのまま書いてしまう。

青木　そうした思惑はあったのかもしれないけれど、東京拘置所の現在の刑場が公開されたのは初めてでした。直近だと、だいぶ古い話になるけれど、大阪の拘置所で新聞記者に公開されています。東京拘置所も旧庁舎の時代に公開されたことがあったようですね。

森　一九六七年にメディアを集めてカメラをかまえさせて、数珠を片手に二三人の死刑執行命令書に署名したのは田中伊三次《いさじ》法相です。このとき死刑執行命令書の中に平沢貞通《ひらさわさだみち》*1の名前もあったけれど、田中法相は「これは冤罪だ」と言ってサインをしなかった。冤罪だと思うのなら再審すべきです。それを指示できる立場にいるのに、やったことはパフォーマンスだけ。バカじゃないのかと本気で思う。

冤罪と死刑

森　イギリスは一九六五年に死刑を廃止しました。その発端となったのは妻と幼い娘を殺害したとして処刑されたティモシー・ジョン・エヴァンスの事件[*2]です。処刑後に冤罪であったことが明らかになった。そういう意味では、袴田さんの事例はこの国において、大きなインパクトになりうるのではないかと思っているのだけど……。

青木　八〇年代に相次いだ死刑再審事件が四件、さらに今回の袴田さんのケースを加えると、戦後日本の刑事司法は少なくとも五件もの死刑誤判を犯していたことになります。これ以外にも冤罪は確実にあるでしょう。

森　でも死刑制度への懐疑はこの国では生まれない。そう考えると、袴田さんの事例があったからといってこの国は何も変わらないのかもしれない。

ただし、冤罪があるから死刑は廃止すべきだという論理に僕は一〇〇パーセントは同意できないところがあって、ならば絶対に冤罪がない制度設定ができるなら死刑を容認する

＊1　1892年生まれ。画家。1948年1月26日に帝国銀行（現在の三井住友銀行）椎名町支店で男が行員らに毒物を飲ませ12人を死亡させた事件（帝銀事件）の犯人として同年8月21日、逮捕された。取り調べで自白するも公判では一貫して無罪を主張。1955年に死刑確定。その後、17回の再審請求はすべて却下され、1987年5月10日、八王子医療刑務所で病死。

＊2　1949年にイギリスのロンドンで起こった冤罪事件。自宅で妻と幼い娘を殺害したとして起訴されたエヴァンスは無罪を主張するも、1950年1月、絞首刑の判決を下され処刑された。エヴァンスの死刑執行から3年後、階下に住んでいた住人が、その集合住宅で他の多くの女性を殺害した連続殺人犯であることが判明した。1966年、エヴァンスは冤罪の可能性が高かったとして、死後恩赦が認められた。

のかということになってしまう。もちろん絶対に冤罪がない制度設定などありえないのだけど、僕はそれ以前に、死刑制度は社会のためにも廃止しなくてはならないと思っているわけで、冤罪を理由にしたくないんです。

青木　同感ですが、冤罪が死刑の本質的問題を浮き彫りにする側面もあります。死刑という刑罰の絶対不可逆性です。誤判というミスは、一件でも少なくなるように全力を尽くさなくてはいけないけれど、残念ながらなくならないでしょう。その誤判を犯した場合、他の刑罰だって取り返しはつかないけれど、死刑は完全に一線を超えてしまう。たとえば菅家さんだって、布川《ふかわ》事件[*1]の桜井昌司さんや杉山卓男《たかお》さんだって、何十年もの時間を奪われたことは取り返しがつかない。ただ、命を奪ってしまったら、これはもうどうにもならない。

これも『絞首刑』に書きましたが、飯塚事件[*2]の久間三千年《くまみちとし》という死刑囚がいました。わいせつ目的で幼女二人を殺害したとされる事件の犯人とされましたが、彼は逮捕時から一貫して無実を主張していた。いろいろ取材してみたけれど、彼が犯人であるか否か、僕は今も確信を持てません。ただ、彼が有罪とされた最大の根拠はDNA型鑑定でした。しかも、菅家さんの事件とまったく同じ手法で、同じ時期に、同じ科捜研（科学捜査研究所）のメンバーがやった鑑定です。

ご存知のとおり、菅家さんが有罪の根拠とされたDNA型鑑定は精度が低く、非常に杜撰《ずさん》で、後に誤りだったことがわかって菅家さんの冤罪が立証されました。その鑑定とほぼ同じ鑑定を最大の証拠として彼も有罪にされたんです。しかも、菅家さんの事件が冤罪であることが判明する直前、久間さんの死刑は執行されてしまった。僕は本気で疑っています。ひょっとすると彼は冤罪だったのではないか。しかし、死刑事件で冤罪が発覚することを恐れた法務・検察官僚が死刑執行を急いだのではないか、と。だとすれば恐るべき権力犯罪です。

森　もちろん冤罪は死刑を考察する上で重要な要素であり、廃止を願う人にとっては武器となるかもしれない。でも武器に戦争の本質がないように、冤罪に死刑の本質はない。いずれにしても大切なことはデュープロセス、法の定める適正な手続きです。僕も久間さんが冤罪かどうかわからないし、有罪の可能性もあるとは思うけれど、「思う」という述語が法手続きに先行するのであれば、これは明確に法治国家の否定です。でもこの国は、もうずっとその状況にあるわけです。

久間さんの再審を遺族たちが請求しています。まだ認められていないけど、認められたら初めての死刑執行後の再審になる。裁判所はまず認めないとは思うけど、もし認められて冤罪で処刑されたことが明らかになっても、間違いでしたと

＊1　1967年、茨城県で発生した強盗殺人事件。1967年10月10日に桜井昌司さんと杉山卓男さんの2人が別件逮捕され、2カ月後に起訴された。公判では、自白を強要されたとして無罪を主張するも、1970年10月6日に第一審の水戸地裁土浦支部は無期懲役とし、控訴・上告が棄却され、1978年7月3日、無期懲役が確定。1996年11月の仮釈放後も無実を訴え、2005年9月21日に再審開始が決定。2011年5月24日、無罪判決が下された。

＊2　1992年2月20日、福岡県飯塚市で2人の女児が殺害された事件。1999年9月29日、福岡地方裁判所で死刑判決。2006年9月8日、上告が棄却され死刑確定。2008年10月28日、福岡拘置所において死刑執行。2009年に久間さんの妻が再審請求しており、現在は福岡高裁に即時抗告中。証拠として採用されたDNA鑑定が足利事件と同じ方法によるものだったことから「東の足利事件、西の飯塚事件」とも言われている。

となったときに支払われるのはわずか三〇〇〇万円ですよ。刑事補償法四条三項で「補償においては、三〇〇〇万円以内で裁判所の相当と認める額の補償金を交付する。ただし、本人の死亡によって生じた財産上の損失額が証明された場合には、補償金の額は、その損失額に三〇〇〇万円を加算した額の範囲内とする」と明記されています。これは監獄法のような昔の法律ではない。二〇〇五年に改正されてこの金額です。

でも冤罪で殺された命は戻らない。遺族が喜ぶはずもない。それはそれとしても、人一人を国家が間違えて殺害して三〇〇〇万円の賠償で済むとの発想がありえない。それを見過ごす社会とメディアもありえない。まあ実際には見過ごしているわけではなくて、誰も知らないんでしょうね。そもそも興味がない。だから目をそむける。その帰結としてブラックボックスになってしまう。

過去ではなく現在進行形の話をします。和歌山毒物カレー事件[*1]です。もっともっと論議されるべき事件であり裁判です。冤罪の可能性はかなり高い。唯一の物証で決定的な証拠とされていた亜ヒ酸の科学鑑定においては、犯行に使われたとみられる紙コップに付着していたヒ素と林眞須美さんの家の台所のプラスチック容器についていたヒ素、さらにカレーに混入されたヒ素の組成はすべて一致したとされたけれど、この鑑定を行った東京理科大の中井泉教授は、三つの資料はすべて同じ起源であることを確認するための鑑定で同一とは認定していないと発言し、再審弁護団の要請で鑑定結果の再評価を行った京都大学大学院の河合潤教授によれば、三つのヒ素は同一ではないとことが証明されています。他にも紙コップが裁判中にすり替わっているなど、明らかに不合理な要素はたくさんある。再審すべきです。ところが裁判所は認めない。そういえば障害者郵便制度悪用事件[*2]で村木厚子さんを取り調べて有罪に持ち込もうとした國井弘樹検察官は、和歌山カレー事件だって実際に林眞須美が犯人かどうかわからないと、村木さんの取り調べ中に言ったそうです。

青木 否認を続けても無駄だ、おとなしく認めたほうが得策だ、という脅しでしょうね。

森 こうして検察は自白を迫ったと、村木さん自身が後に著書（『私は負けない——「郵政不正事件」はこうして作られた』（中央公論新社、二〇一三年））で明かしています。ならば検察は、林眞須美が本当は犯人ではない可能性があるとわかっているのか。あきれます。何が「ＨＥＲＯ」だバカヤロウと言いたくなる。

青木 フジテレビのドラマですか（笑）。捜査当局をひたすら正義の味方に描くドラマの氾濫は今にはじまったことじゃないけれど、この国のテレビはその類のドラマが多すぎる。欧米のドラマ

＊１　1998年7月25日夕方に和歌山県和歌山市の園部地区で行われた夏祭りにおいて、提供されたカレーに毒物が混入され、その後4人が死亡した事件。2002年12月、和歌山地裁で死刑判決。2009年4月21日に最高裁判所が上告を棄却、5月18日に死刑が確定した。現在、再審請求中。

＊２　2009年に大阪地方検察庁特別捜査部が、障害者団体向けの郵便料金の割引制度の不正利用があったとして、障害者団体・厚生労働省・ダイレクトメール発行会社・広告代理店・郵便事業会社等の各関係者を摘発した事件。

心身障害者用低料第三種郵便物として発送するために必要な障害者団体の証明文書の発行権限を持っていた、元障害保健福祉部企画課長（逮捕時は現職局長）であった村木厚子さんが逮捕・起訴された。しかし、検察が取り調べの際に作成したメモが破棄されたり、証拠物件であるフロッピーディスクが大阪地検特捜部により改竄されていたりと、検察の捜査の杜撰さが明るみに。2010年9月、村木さんの無罪が確定した。

なんかをケーブルテレビで見ると、真摯な弁護士が検察の闇に挑むなんていうドラマが結構あって、人気を博しているのにね。結局、この国は〝お上〟が好きなんでしょう。水戸黄門とか大岡裁きとか（笑）。

それにしても、あの「HERO」はひどい。二〇一五年に公開されたという劇場版の映画は、なんと法務省の支援を受けて制作され、七月には法務省で「完成報告会見」なるものを開催している。いかにドラマとはいえ、ここまで権力にすり寄り、権力ヨイショするのは恥ずかしい。報道だろうが、ドラマだろうが、バラエティだろうが、メディアに関わる者が最低限守るべき矜持、権力との距離の置き方というものがあると思うのですが、そんなものがまったく見られない。ドラマの内容以前の段階で失格です。

麻原彰晃という死刑囚が問いかける問題

青木　ところで、この国の刑事司法と死刑制度の歪みを集約的に指し示しているのが麻原彰晃という存在かもしれません。マスコミ的な物言いをすれば、いわゆるオウム真理教事件というのは、戦後日本でも五指に入る重大事件だったでしょう。そのすべての首謀者だと警察も、検察も、裁判所も断じたのが麻原なのに、彼の裁判は事実上、一審しか行われておらず、事件の真相も全体像も解明されたとはとても言えない。

また、確定死刑囚となった今、麻原が何を考え、どんな日々を送っているのかがブラックボックスに隠され、まったくわからない。明らかに精神を病んでしまったとしか思えないような状態だと伝えられているのに、検察も裁判所も「詐病である」と主張し、蓋をして知らぬふりを決め込んでいる。

先頃からオウム逃走犯だった高橋克也らの裁判がはじまりましたが、なぜ麻原に証言させないんでしょうか。なぜ証言させろという声が起こらないのでしょうか。詐病だというなら、法廷に引きずり出してでも証言台に立たせるべきでしょう。

なのに、誰もそう言わない。検察も、裁判所も、メディアだって、麻原のことは無視するかのように裁判を進行させている。はっきり言えば、みんなわかっているんじゃないですか。麻原が詐病などではないことを。明らかに精神を病んでしまっていて、とても証言などさせられる状態ではないことを。

そんなバカなことがなぜ許されるのか。僕には詐病だとは思えないし、どこかの段階で壊れてしまったんでしょう。だとするなら、まずは精神が壊れた人間を死刑にはできない。死刑制度を是認するにしても、これはまさに本質的な問題です。逆に詐病だとするなら、オウム事件の真実を解明するためにも、逃走犯だった被告の証言を検証するためにも、一刻も早く病院に送ってきちんと精神鑑定をし、詐病であるという根拠と現状をつまびらかにすべきでしょう。知らぬふりをして蓋をして済む問題じゃない。

森　裁判の際に「あれは詐病だ」と言い切った多くの識者や弁護士、ジャーナリストたちは、今はどう説明するのだろうか。麻原の一審判決公判を傍聴して、僕は完全に壊れていると直感して、『Ａ３』を書きました。でも当時はまったく四面楚歌でした。一回の傍聴で何がわかると嘲笑されました。結局は詐病であるとの前提で裁判は打ち切られた。悔しいです。現状では証明しようがないしね。

青木　そんなことないですよ。きちんとした精神鑑定をすればいいんです。御用学者による通り一遍の鑑定ではなく、多くの人が納得できるような形での鑑定をね。

森　今の状態ならば、フェアな鑑定さえ行えば受刑能力がないことは証明できると思う。でも問題はそれだけじゃなくて、裁判の際に訴訟能力があったかどうかです。

青木　それでもまだ遅くはない。何度でも強調しますが、死刑制度を仮に是とするにしても、死刑囚がいったいどんな状況に置かれているのか、これほど隠されているのは病的なことです。国家による権力の最大級の行使が不可視の闇に隠されてしまっていていいのか。もっと下品な物言いをすれば、仮に麻原がすべてのオウム事件を指揮した稀代の極悪人だとするなら、その極悪人が本当はどんな状況に置かれているのか、己の罪をどう捉え直しているのか、知らないままでいいのか。オウムの犯罪を声高に指弾した人たちにも、死刑制度を是とする人たちにも、これでいいんですかと僕は問いたい。

麻原が詐病なのか否かなどをめぐって、森さんがいろいろな人たちと論戦したり、逆に森さんが批判を受けたりしているようですが、僕に言わせれば、ある種むなしい空中戦ですよ。僕は詐病ではないと考えていますが、どちらの見方をするにせよ、双方が納得できるような精神鑑定をするように声を合わせて求めるべきです。仮に精神を病んでしまっているなら、死刑など執行できないのだから、直ちに治療させせなければならない。逆に詐病だったら詐病だということで、オウム事件全体の真相をあらためて捉え直せばいい。

比べたら失礼かもしれませんが、袴田さんだってそうです。釈放された後に僕も何度かお目にかかり、徐々に快方に向かっているようですが、どうみても精神を病んでしまっていた。考えてみれば当然です。死刑という刑罰を眼前に突きつけられ、外部との交流をほとんど断たれた状態で独房に何十年も放り込まれれば、誰だって精神を病む。

余談ですが、袴田さんが逮捕された一九六六年は、僕の生まれ年です。すっかり中年になった僕の人生と同じ時間を、袴田さんは獄中に閉じ込められ続けた。聞くところでは、袴田さんは、「世界で最も長く収監された死刑囚」としてのギネス記録だそうです。しかも冤罪だったことが確実になり、再審開始決定がようやく出た。なのにいまだ検察は抵抗を続けています。これこそが世界に発信されてしまった日本の恥そのものでしょう。民主主義国家として、これほど恥ずかしいことはない。

その袴田さんは、なぜ半世紀ものあいだ、獄中で人生を過ごさねばならなかったのか。明らかに精神を病んでいるのに、なぜ鑑定も、治療も行われず、死刑囚としての時を刻まねばならなかったのか。これは権力犯罪です。森さんがおっしゃるとおり、これはもっと深刻なインパクトを持って受け止めなければならない。

森　千葉景子さんが法務大臣になったとき（二〇〇九年）に、法務省は千葉さんの指示で全確定死刑囚の精神状態を調べました。全員異常ありませんという結論が出た。でもその中には、麻原はもちろんだけど、袴田さんも入っていた。であれば、あの調査はなんだったんだという声が、もっとメディアから上がっていいはずです。でもそんな声がまったく聞こえない背景には、国民がそういった情報を要求していないという現状がある。特に麻原については、十人中九人は早く執行しろと言うでしょうね。精神状態なんかどうでもいいと。

本来は国民が求めようが求めまいが、青木さんが言うように死刑執行は国家権力の最大の行使の一つなのだから、情報は絶対に開示すべきです。特に麻原については、地下鉄にサリンを撒くことを彼が指示した理由も含めて、オウム事件における未解明な領域が死刑制度のブラックボックスの中にそのまま押し込まれてしまっている。だからこそオウム以降の二〇年、不安と恐怖を喚起された日本社会は集団化を加速させ、その帰結として現在のセキュリティ社会や安全保障法制などの状況があるわけです。

麻原が詐病かどうかについて補足します。詐病だと主張していた人たちの多くは死刑逃れと言っていたけれど、結果として麻原法廷は一審だけで打ち切りだから死刑判決を早めています。でもその目算が濃厚になってからも麻原の状況はまったく変わらなかった。当たり前です。本当に精神が崩壊しているのだから。

青木 しかも菊地直子、高橋克也らの裁判はまだ続いていますから、本来は麻原の処刑など絶対にできないはずです。

森 と思いたいけれど……。本来なら年末年始や国会会期中は処刑しないなど暗黙のルールがかつてはあったけれど最近は崩れはじめているし、何よりも麻原裁判は異例づくめで、正直よくわかりません。政権にとって麻原処刑は支持率を上げる最大のカンフルになるとの見方をする人もいる。僕はそうだろうかと疑問だけど。

青木 死刑執行で政権の支持率が上がるなんて、どこの未開国家の話かと思ってしまいます。

森 支持率が上がるかどうかはともかくとして、執行への異議よりも、当然だとかまだ処刑してなかったのかとの反応がほとんどだろうとの予測はつきます。

青木 国会開会中に死刑を執行しないという慣例は、確かにすっかり崩れてしまいましたね。国会開会中に執行すると、死刑という刑罰が国会論戦で取り上げられて厄介だという法務・検察官僚の発想が根底にあったようですが、もはやそんな恐れはない、ということでしょうか。

法で明確に定められているのは、土日及び祝祭日の執行はできない、ということです。ただ、再審請求中とか共犯者が未決のうちに執行するというのは、どう考えても法の適正手続きに反している。もしそれを破るような挙に出たら、法務・検察官僚が法治国家であることを放棄した瞬間です。
一方、オウム事件に関しては、事実上の内乱罪だと捉える論理も法務省サイドから流れ出てきていますね。内乱罪では死刑になるのは首謀者のみですから、麻原だけを処刑すればいいんだと。

森　でも公式には内乱罪を適用されているわけじゃない。結果的に麻原法廷については控訴棄却で一審死刑判決が確定というありえない事態になった。でもこの展開については、新聞やテレビなども含めて異議を唱える人はほとんどいなかった。麻原やオウムを支持するのかと叩かれるからです。今の「イスラム国」への眼差しのひな型がここにあります。

2 オウム事件と公安

震災とオウム真理教事件、激動の一九九五年

青木 オウム真理教の問題を事件として捉えるとするなら、森さんと僕はまったく同じ時期に、まったく違う視点から事件を眺め、描いていたなと思います。

僕は当時、通信社の公安担当記者としてオウム事件を取材していました。いわば当局側の取材でオウム事件にアプローチしていたわけです。一方、森さんはオウム真理教の側に近づき、可能な限り内部からの目線で教団と事件を捉えようとしていた。結果、オウム事件が僕の記者人生をかなり変えたのは間違いないし、森さんもそうですね。なんだか不思議な縁だなという気はしているんです。

僕は大学を出て一九九〇年に共同通信に潜り込みました。もともと新聞記者になりたかったんですが、僕の大学時代はバブル世代で、キャンパスに政治臭などほとんどなかった。僕自身、ノンポリに近かったと思っているんですが、共同通信で言えば、斎藤茂男[*1]さんや田英夫[*2]さんなどに惹かれて、新聞ジャーナリズムの世界に漠たる憧れを持っていました。

大手の新聞社や通信社は、入社すると最初は地方に出されるんですが、僕はなぜかほとんど地方支局の経験がないんです。最初の配属先は大阪の社会部で一年。それから千葉の成田空港の中にある成田支局に二年半ほど駐在しただけです。当時の成田は三里塚の闘争が転機

を迎えた時期で、ちょうど成田空港問題シンポジウムがはじまったところでした。国側との話し合いに乗り出した（三里塚芝山連合空港反対同盟の）熱田派などの取材をしつつ、シンポジウムの牽引役となった隅谷三喜男《すみやみきお》さん（一九一六〜二〇〇三年。経済学者）や宇沢弘文《うざわひろふみ》さん（一九二八〜二〇一四年。経済学者）にもいろいろ話をうかがいましたが、正直に言えば、それほど深々とのめり込んで取材をしたわけではありませんでした。

その後、本社の社会部に上がり、いわゆるサツ回りをやっているうち、警視庁の公安担当[*3]をやれと命じられました。たまたまなんです。おそらくは前任の公安担当の任期が近づき、誰かいないか探してみたら、青木がヒマそうにしている。しかも成田支局にいたなら、多少は公安問題に詳しいだろうっていう程度。ある先輩記者からはこんこんと諭されましたけどね。「社会部の花形は検察担当か警視庁の一課担当じゃないか。お前には期待していたのに、なぜ公安担当なんて引き受けるんだ」って（笑）。

でもまあ、公安担当ならば、検察や一課担当ほど特ダネ合戦も熾烈じゃない。検察官や刑事にゴマをすり、ネタをもらうため

＊1　1928〜99年。ジャーナリスト。共同通信社にて社会部記者、社会部次長、編集委員を務める。日本ジャーナリスト会議賞、日本記者クラブ賞、日本新聞協会賞等受賞。『ルポルタージュ日本の情景』（全12巻、岩波書店）等著書多数。

＊2　1923〜2009年。ジャーナリスト・政治家。共同通信社にて社会部、政治部記者、社会部長等を務めた。その後TBSにて1962年10月から放送を開始した『JNNニュースコープ』の初代のメインキャスターとなり、1968年3月まで務めた。1971年6月、日本社会党（現・社民党）から第9回参院選の全国区に立候補して192万票を獲得しトップ当選、2007年まで6期努めた。

＊3　日本の公安警察は警察庁警備局の指揮で活動しているが、警視庁は唯一、公安部を置いており、最大規模の公安警察官を抱えている。法務省の外局である公安調査庁については106頁参照。

に汲々とするなんてゴメンだと思っていましたから、気軽に引き受けたんです。そうしたらとんでもないことになった。九五年の一月十七日に阪神・淡路大震災が発生して僕も当日に神戸入りし、一カ月近く現地で取材していたら、今度はオウム事件だっていうんで東京に引き戻され、地下鉄サリン事件が発生し、そのまま怒濤のようなオウム報道の渦中に叩き込まれました。

森　青木さんは学生時代から新聞記者を目指していた。僕の大学時代は映画です。映研に入って八ミリ映画を撮りながら、名画座に通ってアメリカンニューシネマやATGの映画ばかりを見ていました。その後に紆余曲折があってテレビ番組制作会社に入ります。報道やドキュメンタリー系がメインだけど、バラエティ番組のディレクターも何度かやっています。

九五年一月、僕はストックホルムにいました。テレビ朝日「ニュースステーション」の特集枠の取材です。その後にベルリンで取材していたら、早朝にドイツの撮影スタッフがホテルの部屋のドアを激しくノックした。寝ぼけ眼で扉を開けると、ドイツの新聞の一面を突きつけられた。震災直後の神戸を空撮した写真でした。そこで関西で大きな地震があったと初めて知った。とにかくドイツの取材を終えて帰ってきて特集枠用に編集をしたけれど、震災報道一色で放送できないんです。

当時というか今でもそうだと思うけれど、テレビの番組はオンエアされて初めて納品されたことになる。つまり制作プロダクションとしては、放送されなければ利益どころか資金すら回収できない。小さなプロダクションにとってみれば、オンエアされなければ死活問題になります。三月になってやっとオンエアできるかなという状況になったら、今度は地下鉄サリン事件が起きて、またもオンエアが無期限に延びた。結局その会社は潰れちゃった。

青木　それはどこかの局の系列の制作会社だったんですか。

森　まったく独立系。友人がつくった会社です。その後はフジテレビの雇われスタッフになりました。オウムについての遊軍です。あの頃のテレビは早朝から夜中までオウム一色でした。日替わりでオウム特番が放送されていたんじゃないかな。そのときにかき集められたディレクターの一人です。

青木　ちょうどその頃、僕は警視庁の公安部担当記者としてオウム報道の渦中にいたわけです。警視庁の記者クラブにほとんど泊まり込みのような状況で朝回りや夜回り取材を繰り返し、月の残業時間が二百時間とか、三百時間とか、そんな世界。ただ、正直に言ってしまえば、当時も今も、僕はオウム真理教自体にそれほどの興味も思い入れもない。

森　そのあたりは僕も同じです。まったくオウムには興味なかった。ただ当時のテレビ状況では、オウムを回避したら仕事にならない。その段階で僕はフリーランスでした。とにかく企画を通さなくてはならない。でも九五年三月二十日以降は、オウム以外の企画はまず通らない。その状況が何カ月も続きます。

いろいろあってフジテレビのオウム特番のスタッフになったけれど、ロケにはほとんど行かなかった。ほぼ毎日スタッフルームでオウム関連の本や資料を読んでいました。当時はオウム広報部の副部長だった荒木浩[*1]さんと初めて会ったのもこの頃です。

オウム真理教事件と公安警察

森　その後に共同テレビジョンという会社とディレクターとして契約して、数カ月後に荒木さんを被写体にしたオウムのドキュメンタリーをフジテレビで放送することが決まるのだけど、ロケがはじまって早々に、共同テレビジョンの制作部長から撮影中止を命じられます。

青木　それがドキュメンタリー映画「A」につながっていくわけですね。僕の場合、オウム真理教という存在そのものよりもむしろ、オウム事件によって露わになったさまざまな問題に興味を惹かれていきました。戦後最大級の規模になった事件報道の悪弊もそうだったし、中でもまさに僕が取材していた公安警察とはいったいなんなんだろうか、と。

警察組織というのは、大半の大手メディアにとって最大の取材対象であり、情報源の一つなわけです。たとえば警視庁の記者クラブには、大手ならば一社あたり一〇人もの記者を張りつけている。世界のメディアを眺めても、首都警察とはいえ、いち警察組織にこれほどの記者を常駐的に張りつけている例はありません。

その記者たちは、警視庁から漏れ出てくる事件情報を日夜必死に嗅ぎ回って書きまくる日常を送っているのに、警視庁という組織そのものについてはほとんど書かない。なかでも公安警察は、その活動内容や実態はおろか、組織人員や構成すらほとんど知られていない。

単純に、これはおかしいでしょう。オウム事件の渦中、僕ら担当記者は公安部にベッタリ張りついて事件について書きまくりましたが、その一方の当事者である公安警察のことはまったく伝えられていない。とてつもない巨大権力機関であると同時に、人権無視などお構いなしといった組織の活動実態が知られていない。尾行、監視、微罪逮捕、別件逮捕、果ては電話盗聴から信書の開封まで平気で実行しているというのに。

もちろん、警視庁の担当記者としてオウム事件捜査のことはきちんと書くべきだと思うし、書かれるべきだと思うけれど、その捜査に突き進んでいる警視庁公安部などのこともきちんと書かなければならない。そんな問題意識が僕の中に芽生えてきたわけです。

今だから話せますが、実際に公安警察の実態をペンネームで月刊誌などに何度も書きました。しかし、それでは無責任だろうと思って機会をうかがっていたら、講談社現代新書からのオファーがあって『日本の公安警察』（講談社現代新書、二〇〇〇年）を発表した。結果的に見れば、僕にとっては新聞記者稼業というか、この仕事をしていく上での大きなエポックになったのは間違いないですよね。あの本を書いたせいで、なんだか社会部にはいづらくなってしまった。少なくとも警察取材はできなくなり、その後、国際報道を担当する外信部に異動し、ソウル特派員になって、間もなく会社

＊1　現 Aleph 広報部長。1992 年、京都大学大学院時代にオウム真理教に入信。

を去ることになったわけですから。

森 本を書いたことで社会部にいられなくなることは予想できなかったのですか。

青木 そんなに深く考えなかったですね。

森 どこかで会社勤めに見切りをつけていたんじゃないのかな。そうなったらそうなったでいいやみたいな。

青木 あったかもしれない。でも、古巣の名誉のために言うと、あの本を書いたことを評価してくれたり、応援してくれたりする人も社内にかなりいたんです。どこの社にもいる警察べッタリの御用記者みたいな連中からは陰に陽に批判され、最終的には社内処分も受けることになりましたが、組織の締めつけが厳しい他社なら、あの程度の処分では済まなかったでしょう。そもそも本の出版自体ができなかったかもしれない。

ただ、『日本の公安警察』を読んでいただくとわかるんですが、別に公安警察のことを声高に批判してばっかりなわけじゃないんです。むしろ取材で知った事実を淡々と描いただけ。その中身だって、公安担当を何年かやれば、よっぽどの能なしじゃない限り、概略くらいは誰もが知っているはずの情報です。実際に書くとなると裏づけ取材が簡単じゃありませんが、僕だけが摑んだ特ダネ的な情報は、多く見積もっても二割か三割程度でしょう。むしろ、これまで誰も書かなかったのが問題なんだと思っています。

オウム真理教事件に染まるメディア

森　僕の場合、フジテレビの深夜のドキュメンタリー枠でのオンエアを前提で撮影をはじめて、ロケが二日終わった段階で、坂本弁護士一家殺害事件をＴＢＳのワイドショーが結果的には誘発していたことが明らかになります。しかもＴＢＳはこの事実を隠蔽していた[*1]（ＴＢＳ事件）。

当然ながら各メディア、特にテレビ局はＴＢＳを激しく叩きます。でも叩きながら各テレビ局は、「うちもヤバい」と考えていた。だってオウム報道はめちゃくちゃでした。なんでもあり。しかもオウムからは抗議もこない。核兵器を所持しているとの報道もありました。危ない怖いと叫べば高視聴率が期待できる。……こうしてメディアの体質も変わります。変わるというか、不安や恐怖を煽ることで視聴率や部数が上昇するという市場原理が、オウム以降はより剝きだしになったという感じです。各テレビ局はＴＢＳを叩きながら、叩けば我々も埃が出ると考え、オウムに対して萎縮するわけです。当然ながらオウム内部を撮影するドキュメンタリーも危険であるとの判断が下された。要はそういうことですね。とにかく共同テレビジョンの制作部長から、

＊1　1989年10月26日、TBSのワイドショー番組『3時にあいましょう』のスタッフが、弁護士の坂本堤さんがオウム真理教を批判するインタビュー映像を放送前にオウム真理教幹部に見せたことで、9日後の11月4日に起きた坂本堤弁護士一家殺害事件の発端となったとされる事件。1995年9月5日からの東京地検による事情聴取に対し、当初TBSは関与を否定したが、社員がオウム真理教の幹部3人に、坂本弁護士のインタビューテープを見せていたことを認めた。

最終的には撮影中止を言い渡されて、撮りかけたドキュメンタリーは自主製作映画になるわけです。つまり大学時代に回帰してしまった。

完全に自分の意志ではないけれど、結果的にはどんどん状況に追い込まれたという感じですね。そこが青木さんとの共通項としておもしろいのかな。

青木 そうですね。でも、僕のほうがもう少し組織に順応していたかも（笑）。若かったせいもあるけれど、共同通信の出稿記事では連日連夜、それこそ馬に食わせるほど原稿を書きました。共同通信は独自の紙面を持っているわけじゃないから、加盟新聞社のために「今日の一面トップ候補の記事はこれです」という指定というか、ニュース格付けの案内をするんです。それを受けて一面トップをつくる加盟新聞社もたくさんあって、おぼろげな記憶だけれど、確か半年以上ものあいだ、朝刊・夕刊の一面トップ指定がずっとオウム事件だったんじゃないかな。もしかすると半年どころじゃなかったかもしれない。こんな例は今もないんじゃないでしょうか。

森 三月二十日（一九九五年）からほぼ半年間、スポーツ新聞各紙の一面から野球とサッカーが消えてオウム一色になったとは聞いていています。

青木 かもしれません。恥を忍んで告白すれば、森さんがさっき言った、オウムの核計画とか戦車購入計画とか、そんな記事も書きました。たとえば、早川メモなんていうのを公安関係者から入手するわけです。他社よりもずいぶん早い段階でした。それを見ると、確かに早川《はやかわ》紀代秀《きよひで》（オウム真理教元幹部）がロシアとかオーストラリアとかに渡航し、核兵器の材料になるものに関心を寄せていたりとか、戦車を購入したい、などといった記述があった。

ただ、妄想に近いような話だし、積極的に書こうと思ったことはないんだけど、当時の警視庁キャップや社会部のデスクなんかから「おい青木、今日は一面トップ用のネタがないんだけど、何かないのか」なんてせっつかれる。「いえ、特にありません」ってお茶を濁そうとしても、とにかくオウム関連で一面トップ記事をつくるのが警視庁担当の務めになってる状態だから許してもらえない。そのうちにキャップとかデスクが「そういえばお前、早川メモとかいうヤツを手に入れてたじゃないか」「戦車？　核兵器？　これはいけるじゃないか。すぐに書け。一面トップ用の特ダネだ！」なんて言われ、渋々書いたりしてね。もちろん、事実としてないわけじゃなく、確かにメモにはそんなことが書いてある。サラリーマン記者としては仕方ないかな、という感じだったんですが、翌日の加盟紙やスポーツ紙が一面トップでデカデカと掲載していて、まいっちゃったなぁ、というのが当時の僕の実際のところでした。

森　あれは本当は別の幹部信者が書いたメモだったようです。でも警察が勘違いして早川メモにしちゃった。ところが訂正しない。これは実際に早川紀代秀さんに聞きました。

青木　それでも当時、早川がそういう動きをしていたのは間違いないわけですが、ただ、いずれにしたって針小棒大なヨタ記事の類ですよね。今なら耐えられなくて即刻逃げ出すかもしれないけれど、当時は仕事だからと割り切って、ある程度は付き合っていました。一方で、公安警察の実態や活動内容については必死に目を凝らして取材して、いずれきちんと書かないといけないいと心を定めていました。

それに公安は、取材すればするほど、底が見えないほどの闇がいくつも浮かび上がってくるわけです。協力者という名のスパイ獲得工作の実態であるとか、「チヨダ」とか「サクラ（チヨダと同義）」とかいう秘密部隊（公安警察で協力者の情報収集の統括を担当する係。実態は公表されていない）の存在とか、過去に手を染めた違法盗聴の内実であるとか、あるいは転び公妨（捜査官が被疑者に公務執行妨害罪（公妨）や傷害罪などを巧みに適用して現行犯逮捕する行為）といった違法すれすれの捜査手法とか……。しかも公安警察は、刑事警察や交通警察などと違って、たとえば公安一課に何人の人員が配されているかすら公表してませんから、データを集めるだけで相当苦労しましたけれどね。

森　公安は捜査権力において最も闇が濃い部分という感じがする。その公安を白日のもとにさらしたことで、青木さんは会社を辞めることになったと考えればいいですか。

青木　大きく言えば、そうかもしれません。公安警察の実態を白日のもとにさらすことができたとはとても思えませんが、タブー化していたものの一部は明らかにした。かなりの反響がありましたが、どうも社会部にはいづらくなってしまいました。

繰り返しますが、警察ベッタリの御用記者やバカ幹部を除けば、社内で評価してくれる人は結構いたんです。社会部にもね。ただ、少なくとも警察取材はできなくなってしまったし、防衛庁（当時）や宮内庁といった機微な省庁を担当することもできない。ある時、社会部の上司に「次はどこの担当をやりたい？」と聞かれて「警察庁か、防衛庁か、宮内庁」と言ったら「バカなこと言うな」と一蹴されました。またロクでもないことをしでかすんじゃないかと思われたんでしょう（笑）。でも、若かったせいもあって、僕は本気で言っていたんです。せっかく大手メディアに所属しているんだから、権力の深淵を覗き込んでみたいという思いは強かったですから。

それでも外信部が引き取ってくれたんだから、当時の共同通信は鷹揚な会社でした。ただ、僕は社会部記者になりたくて組織に入ったつもりだったし、長い目で見たら、あの本を書いたことは会社を辞める遠因にはなったのは間違いありません。

本気になった公安警察と闇に消えていく事件

青木　これは『日本の公安警察』の中でも書きましたが、オウム事件に関して言うと、公安警察の動きは当初、極めて鈍かったんです。一部では松本サリン事件[*1]の直後くらいから公安警察官がオウム内部に極秘

＊1　1994年6月27日に長野県松本市でオウム真理教教徒らにより、神経ガスのサリンが散布された事件。死者8人、重軽傷者660人に及んだ。当初、警察は第一通報者であった河野義行さん宅の家宅捜索を行い、薬品類など数点を押収し、重要参考人としてその後連日にわたる取り調べを行った。また、被疑者不詳であるのに河野さんを容疑者扱いするマスコミによる報道も目立った。

潜入していたんじゃないか、なんていう謀略論のような話も流布され、それに乗って某評論家が大手週刊誌で堂々と書き飛ばしていましたが、僕が担当記者として取材していた警視庁公安部に関して言うと、九五年の三月三十日まではほとんど動いていなかった。つまり警察庁長官が何者かに銃撃される事件[*1]が起きた日です。

すでに警視庁は刑事部を中心にしてオウム捜査へと乗り出し、地下鉄サリン事件などが発生して大騒ぎになっていましたから、あの日も僕は警視庁の記者クラブに泊まり込んでいて、長官が撃たれたという一報を受けて所轄の南千住署に直行しました。日本の警察組織にとっては、トップに君臨する長官が瀕死の重傷を負わされたわけですから、前代未聞の大事件です。当然、警視庁の並みいる幹部が全員、南千住署に集まったわけです。刑事部の部長から、捜査一課長（殺人、強盗などを扱う）、捜査四課長（暴力団の取り締まりを扱う）、公安部からは公安部長、公安部参事官、公安一課長（極左暴力集団を扱う）、公安三課長（右翼団体を扱う）に至るまで、続々と集まった。

それでも当初、あの事件は刑事警察が担当すべきだと考えられていました。なぜなら、あの時期に公安部の捜査対象――いわゆる左翼団体や右翼団体が警察庁長官を襲うとは考えにくいし、特定の政治思想を背景にした組織や個人が実行したという証拠も気配もない。ところが、当時の警視庁は、刑事部がオウム捜査で手一杯になってしまっていて、警視総監の判断で警察庁長官銃撃事件は公安部が中心となって捜査をすることになったんです。

これを機に、ようやく公安部は本気になりました。警察庁長官銃撃もオウムの犯行だと決めつけ、総力を挙げて〝オウム殲滅戦〟に乗り出していくことになった。逆に言えば、それまで警視庁公安部はほとんど何もしていなかったに等しい。

なぜかと言えば、日本の公安警察って基本的に「反共」こそが組織のレーゾンデートル（存在証明）だったんです。だから最大の監視対象は共産党。あとは新左翼セクトや朝鮮総聯、それから過激な一部右翼。オウムみたいなカルト宗教なんて「オレたちのお客さんじゃない」というムードが強くて、まったく相手にしていなかった。他の府県警の公安部門は知らないけれど、少なくとも僕が担当していた警視庁公安部、つまり日本の公安警察の最大最強の現場部隊である警視庁公安部は、長官銃撃事件を契機として本気になったんです。

森　公安調査庁はどうですか。

青木　公安調査庁なんて無能の集団ですからね。警察の尻を追っかけるような形で慌てて騒ぎはじめ、オウムの幹部が軒並み逮捕されて危険性なんてまったくなくなった後になって破防法（破壊活動防止法）を適用するんだといきり立ち、組織はじまって以来の団体規制請求に乗り出した。しかも公安審査委員会に棄却されてしまうという醜態を演じました。規制請求の際、証拠として新聞のコピーを大量に添付するくらいの能力とセンスしか

＊1　1995年3月30日に國松孝次警察庁長官（当時）が出勤のため東京都荒川区南千住の自宅マンションを出たところ拳銃により狙撃された事件。オウム真理教の信者だった警視庁巡査長（当時）らが取り調べを受けたが、確たる物証もなく2010年3月30日に公訴時効となった。

ないんだから、当然の結末でしたけれどね。
　一方、本気になった公安部の動きは本当にすさまじかった。大量の公安警察官を動員し、監視や尾行といった公安警察の手法を駆使して、あっという間にオウムの拠点や幹部の居所を割り出していきました。井上嘉浩などの居所を突き止めて捕まえたのも公安です。井上は秋川市（現・あきる野市）のアジトなどに潜伏していたんですが、公安部は何百人という数の公安警察官を周辺に配置するほどでした。印象的だったのは、捜査が一段落したとき、公安部の幹部が「やってみれば、極左に比べたらずっと楽だった」と振り返っていたことです。

森　その意味ではオウムは素人集団ですから。

青木　ええ。その公安部の動きを担当記者として取材していて、これはすさまじい組織だなと実感するわけです。公安警察の怖さって、巷間語られるような謀略的な怖さというより、ある意味で日本的な組織というか、やらないときは何もやらないけれど、やるとなったら総掛かりになって猛烈な勢いで突き進んでいくことにあるんじゃないかと思います。命令一下、何百という数の公安警察官が一斉に動き、ありとあらゆる手法を駆使して突き進んでいく。それこそカッターナイフを持っていれば銃刀法違反だし、ホテルに変名で泊まれば私文書偽造だし、免許証の住所を移していなければ免状不実記載で逮捕してしまう。そうした微罪・別件の容疑すらなくたって、転び公妨なんていう手法でも片っ端から捕まえちゃうんですから。

森　三月二十日の朝に公安は、地下鉄に向かうオウム実行犯たちを尾行していたとよく謀略史観的に語られるけれど、青木さんの視点からすればそれはありえない？

青木　視点というか、取材した事実に即して言えば、ないと思います。僕が取材していたのは警視庁公安部ですから、他の府県警はわかりませんが、おそらくはないでしょう。一時期、怪文書が出回りましたよね。松本サリン事件はオウムの犯行だとかなんとかという。あれは公安がつくったんじゃないかと言う人もいた。

森　その怪文書は有名ですね。他にはオウムの裏の人脈などが実名で書された謀略史観的な怪文書も、メディアの一部で出回っていた。

青木　ええ。僕も全国の公安警察の動きをすべて取材していたわけではないから、断言することなどできません。坂本弁護士一家の事件を捜査していた神奈川県警や、松本サリン事件を捜査していた長野県警、あるいは教団施設を抱えていた山梨県警などはわかりませんが、少なくとも警視庁公安部に関して言うと、警察庁長官が銃撃された三月三十日の以前の段階でオウム信者に対して広範な尾行や監視をしていたフシはない。公安部の動きの鈍さについては、警察庁警備局が苛立って露骨に不満を漏らすほどでした。

もっと言えば、警視庁公安部が本気になるきっかけとなった長官銃撃事件だって、公安部の動きはお粗末そのものだったんです。公安部は最初からオウムの犯行だと決めつけて捜査したわけですが、ああいう事件を捜査するノウハウがそもそも公安にはないし、刑事部との対立もあってなかなか進まない。挙げ句の果てには所轄署の公安部門に所属していたK巡査長が「自分がやった」と〝自白〟してしまった。ところがこれを公安部は隠蔽し、内部告発で発覚すると大騒ぎになりましたよね。公安部長が更迭され、警視総監が事実上の引責辞任をするという前代未聞の大失態になった。でも実を言うと、このK巡査長について公安部は、長官銃撃事件の以前からオウムの信者だという情報を摑んでいたんです。摑んでいながら、何もしていなかった。

どういうことか整理して言うと、三月二十三日にオウム真理教の施設に強制捜査が入りましたね。その直前、ある信者が山梨の教団施設から光ディスクなどを持って車で逃走し、滋賀県警に捕まるんです。その光ディスクはパスワードがかかっていて解読できなかったから、たまたま公安部門の出身だった滋賀県警本部長の判断などで、警察庁警備局のいわゆる「チヨダ」という秘密部隊に送って解析させた。すると、そこにはオウム信者の名簿が記録されていた。まだオウム信者の全貌を把握できずにいた警察組織にとってはきわめて貴重な資料だったんですが、その中にはK巡査長の名も刻まれていたんです。住所は警視庁の寮だった上、なんとK巡査長はサリン事件の捜査本部に派遣されていました。

これはマズいということで、警察庁警備局は、直ちにこの情報を警視庁公安部の公安総務課に通報した。長官銃撃事件の発生直前、まだ事件が起きていない段階です。ところが情報を受けた公安総務課の課長は、この情報を放置して何もしませんでした。公安総務課というのは警視庁公安部の筆頭セクションで、課長はキャリア職が就くのが慣例になっていますが、警視庁の現職巡査長K＝オウム信者という驚愕情報を伝えられながら、まったくなんの対処もしなかったんです。

ここから浮かぶ問題点はいくつもあります。まず、現職警官がオウム信者だという情報は、組織運営から言えば、いわば人事・総務的な面からの対処が必要な情報です。なのに公安警察の閉鎖的な体制の中だけで情報がやりとりされ、警察庁でも警視庁でも、人事部門などが動いた気配がまったくない。というか、警視庁の人事部門には知らされてすらいませんでした。

さらに重大なのは、公安総務課の対応です。もし警察庁警備局からの通報を受け、直ちに動いていたらどうなったか。一般市民なら微罪や別件で身柄拘束されてしまったでしょう。さすがに身内をそこまでできないにせよ、公安お得意の手法で監視していれば、長官銃撃事件のあった三月三十日の朝、K巡査長がどこで何をやっていたか、把握できたはずなんです。

森　いくつかは僕が聞いていた情報と符合します。

青木　これはものすごく重大な話で、もしK巡査長が事件に関与していたのなら、事件を防げた可能性が高い。逆に関与していなかったなら、「自分がやった」などという供述に振り回されることはなかった。結果的に公安部は、その後もK巡査長の供述に振り回され続け、K巡査長やオウム信者の逮捕を繰り返した挙げ句、時効で事件を迷宮入りさせてしまったわけですから、決定的なミスと言っていい。

このとてつもないミスを犯した公安総務課長に、僕はしばらくしてからインタビューしたことがあります。すでに異動して京都府警の幹部になっていましたが、目に涙を浮かべながら彼が打ち明けた話の要旨はこうでした。「警官といえども信仰の自由はある。今からいろいろ言うのは簡単だが、あの時点でいったい私に何ができたのか」と。

半分は間違いなく言い逃れ、言い訳だけれど、半分は本当だと僕は思いました。オウム事件の以前、公安警察が宗教団体に手をつけることには、警察内部にも明らかなタブー感があった。従来の公安警察があくまでも「反共」をレーゾンデートルとしていた限界もあったろうし、皮肉を込めて言えば、戦後民主主義の価値が公安警察の内部にすら一定程度は浸透していたと言えるかもしれません。つまり、三月三十日に長官銃撃事件が起きるまでは、警視庁公安部がオウムに対して組織的な監視活動を行っていたフシはない。むしろ、お粗末なほど何もしていなかったということです。

森　その巡査長のマインドコントロールを解除するとかのふれこみで認知科学者の苫米地英人《とまべちひでと》が起用された。あの背景も警視庁公安部ですか。

青木　そうです。公安部内にもキャリアとノンキャリアなどのあいだの対立があって、K巡査長の自白が発覚して大騒ぎになった後、捜査の中心にしゃしゃり出たノンキャリアの幹部がやった仕業です。オウムに洗脳されていたK巡査長を長期間幽閉し、さらには別の形で洗脳しちゃって、もはや巡査長の言っていることの何が本当で何がウソなのか、わけがわからなくしてしまった。あえて言えば、公安警察が事件をメチャクチャにしてしまったんです。

森　二重に洗脳して最後には壊しちゃった。

オウム真理教事件は風化していいのか

森　二〇一五年三月に放送されたNHKスペシャル「未解決事件」のオウム特集（「オウム真理教　地下鉄サリン事件」）でもオウム捜査が検証されているけれど、やはりオウムは宗教法人だったから捜査しづらかったとの警察のエクスキューズが展開されています。メディアの場合は宗教法人だったから取材しづらかったとの文脈になる。確かにその要素はあったかもしれない。でも僕は同時に、まさしくオウムに対して怠慢だったエクスキューズとして宗教法人云々が使われていると感じます。

NHKスペシャルを見る限り、多くの警察OBにインタビューしているのだけど、実は本音としては「オウムが怖かった」に尽きるような気がする。サリンへの恐怖もあったようです。今の青木さんの話と統合すれば、オウムに対して公安は機能していなかったし、警察は過剰におびえていたということになるのかな。

青木　その番組は僕も見ました。再現ドラマ仕立てになった番組の中で、知らずにやっているのか、知っていてやっているのかはわからないけれど、思わず噴き出してしまうシーンが何度かありました。たとえば、積極的な捜査を訴える声に対し、当時の警察庁刑事局長が立ちはだかるという場面があったでしょう。一刻も早く手を打たなければ大変だという訴えに対し、もっと慎重にやるべきだという刑事局長。そのうちに地下鉄サリン事件が起きてしまった、という話でしたが、確かに当時の刑事局長は臆病なことで有名だった。トイレに行くときまでボディガードをつけるほどで、警察の中でさえ、あんなヤツが刑事局長で大丈夫か、と言われていたくらいでしたから。森さんが言う「過剰におびえていた」のは、一部の警察幹部に関しては事実でしょう。

他方、オウムが宗教団体だったから二の足を踏んだ、というのは、公安警察に関して言えば、そういう面は間違いなくありました。でも、それは決して悪いことではなかったと僕は思う。公安警察のような治安機関がなんでもかんでも首を突っ込む社会はロクなもんじゃない。それがオウム事件で決壊し、最近は宗教団体だろうが市民団体だろうが、公安警察も公安調査庁もタブー感なんてなくなってしまいました。

それより、二〇一五年、オウム事件から二〇年という節目に、新聞もテレビもいろんな特集をやったけど、全然進歩していないというか、なんでこの程度の特集しかできないんだろうという点に心底から落胆しました。二〇年前のオウム事件当時、大半はしょうもない報道だったし、僕もその一員だったわけだけれど、それでもいくつかは本質を抉る報道もあった。先ほど話した長官銃撃事件捜査の内実もそうだし、本当に麻原がすべてを指揮したのかという疑問は、真っ当に取材をしていた記者なら、おそらく共通して抱いていた疑問でしょう。

さらに言うなら、オウム捜査にあたった警察側の問題点も、NHKスペシャルの切り口だって表層的にすぎます。二〇年目という節目の報道は、過去の報道の枠をまったく超えていないどころか、後退してしまっている。僕がもし共同通信に残っていれば、現在はデスクとか、ひょっとすれば部長か何かで現場を仕切る立場になっていたでしょう。新聞社にせよテレビ局にせよ、あの時代に僕と同じように一線で取材した連中が、どの社もそれなりの管理職になっているはずなんです。なのになぜ、この程度の報道しかできないのか。当時明らかになっていた事実からもう一歩、あるいは半歩でも踏み込めば、もっともっと新しい位相から事件を斬れるはずなんですが……。

森　メディアの劣化についてはまったく同感です。思い出すのは、最初に荒木さんに手紙を書いてからのこと。あなた方現役信者を撮りたいとオファーをして、返事が来て、何度かやりとりがあって、会いに行って、最終的に了解してもらって撮りはじめたわけです。今も「A」や「A2」を上映するたびに、「なぜあなただけがオウム内部を撮れたのか」と質問されます。答は簡単です。現役信者を撮りたいとオファーしたのが僕だけだったからです。

あれだけオウム特番を朝から晩までやっていたのに、テレビ業界で誰も、オウム信者をドキュメンタリーで撮ろうと思いつかなかった。もしくは、思いついたけどなんらかの抑制が働いた。そうとしか思えない。そう答えれば、「なぜ抑制したのか」って質問されるけれど、僕は抑制が働かなかったからわからない。他のメディアの人に質問してくださいと言うしかない。

今にして思うと、取材や撮影のためにオウムと交渉や取り引きすること自体が、オウムを利する行為だという躊躇《ためら》いがあったんじゃないかな。彼らは社会にとって絶対的な悪の位置にいますから、その悪との交渉などとんでもないとの感覚です。もしくは交渉などしたら、周囲から叩かれるとの恐怖。先ほど言ったように、坂本弁護士一家殺害事件をめぐるTBSバッシングが、各メディアのその感覚をさらに増幅した。つまり叩きながら萎縮するわけです。

これは二〇年も前の話。でもまさしく現在、人質問題を契機にはじまったISに対する報道[*1]と自粛が、あのときとよく似ています。突出した悪と断定された存在に対しては、交渉するだけで「敵を利する行為」「テロに屈するのか」などと叩かれる。まさしくデジャブです。きっかけの一つは、今回はTBSではなく朝日新聞です。常軌を逸したバッシングでした。政権や同じメディアから、「国賊」「非国民」などとあれだけ罵声を浴びせられたわけですから。そして叩きながら、他のメディアは萎縮します。同じことが反復されている。

取材や撮影のための交渉は当たり前です。小学生の太郎君を被写体にしてドキュメンタリーを撮ろうと思ったら、太郎くん本人や家族、通っている学校などと交渉しなくてはならない。小学校に行って授業風景を撮ることは当然です。家族との夕食や団欒も撮ります。だから僕がオウムに対してやったことは、ドキュメンタリーの作法としてまったく当たり前のことなのだけど、なぜかほとんどのメディア関係者がそれをしなかった。理由はわからない。自分たちで悪の権化のように報道しておいて、それが理由で交渉することに萎縮してしまったのではないかと思うけれど、これは推測です。とにかく謙遜や卑下ではなく、僕のやったことは徹底して普通です。当たり前のことなんです。志が高かったわけでもないし、理念が強かったわけでもない。コネもないし資金もない。決して突出していたわけではなくて、周りが凹んだから浮いてしまったという言い方しかできないです。

青木　本来は突っ込むべきところに突っ込む意思すら希薄になってしまっているんでしょうか。オウム事件の警察捜査に関して言えば、最も責められるべきは坂本弁護士一家の事件[*2]だったと思います。オウム事件の最中、僕らも散発的に書きましたが、なぜ坂本弁護士事件を解決できなかったのか。これさえ解決できていれば、その後の松本サリン事件も、地下鉄サリン事件も、起きることはなかったんです。

考えてみれば、坂本弁護士事件は解決できたし、解決しなくてはいけない事件でした。だって、さまざまな謀略論が唱えら

＊1　湯川遥菜さんと後藤健二さんがISに人質にされ身代金要求がなされたが、当初からネット上に動画などが公開されたことなどに比べ、マスコミ報道は控えめだった。それについては、爆弾テロや自爆テロといった刺激的な報道が同じ事件を引き起こすことをマスコミが恐れているため、あるいは人質救出ができなかったことについて政権批判を行わないよう圧力があったためといった指摘がある。

＊2　1989年11月4日にオウム真理教の幹部6人が、オウム真理教問題に取り組んでいた弁護士・坂本堤さんと家族の3人を殺害した事件。事件発生当初、神奈川県警察は「事件性なし」として、捜査を行わなかった。1990年2月、神奈川県警に「長男は長野県大町市日向山の山中に埋めてある」という内容と埋められている場所を示す地図が匿名で届いたにもかかわらず、発見することができなかった。地下鉄サリン事件が発生したのち、岡﨑一明の自供により再捜索。坂本さんらの遺体は白骨化した状態で発見された。

れ、オウムもそれを煽動したり便乗したりしたけれど、坂本弁護士の家にプルシャ（オウム真理教の紋章などが刻まれたバッジ）が落ちていて、坂本弁護士はオウムに対するカウンターの弁護士活動をしていたんですよ。ましてや岡﨑一明という実行犯の一人が神奈川県警に対し、遺体を埋めた場所を情報提供していた。なのに神奈川県警は、その場所の捜索もきちんとせず、ほったらかしてしまった。神奈川県警がもっと真摯に捜査していれば、その後のオウムの暴走はなかったわけです。

では、なぜきちんと捜査をしなかったかといえば、坂本弁護士の所属していた事務所が神奈川県警の公安警察官による盗聴事件を追及していて、その遺恨から県警が捜査に消極的だったと言われている。こんな話、当時から指摘されていました。そうした事実に基づく追及が、二〇年目の報道にほとんど出てこないのは、いったいなぜなのかと思います。

僕が片鱗を描いたような公安警察の病理だって、もう少し掘ればいくらだって新しい話は出てくるでしょう。あれから二〇年も経ったのだから、突っ込んで取材しても反発は少ないはずです。なのに語られるのは、表層的なオウムの病的さを強調する話ばかり。今だって僕もオウムは病的だと思いますが、オウムに対峙した警察の内実や捜査の問題点に関する新事実どころか、すでに知られている事実すら検証されない。それでオウム事件を風化させてはいけないと言われても、鼻白むだけです。ＮＨＫがあれだけ金をかけて、再現ドラマまでつくって、あの程度かというのは、なんか僕はちょっといやになっちゃいましたけどね。

森　結果としてああいう事件を起こしているのだから、病的という言葉が適当かどうかは別にしても、オウムが極めて特異的な存在であることは確かです。でもオウムについて言えば、特異性ばかりが強調された。その帰結として普遍性が消えてしまう。

事件を教訓にしたいのであれば、あるいは再発を防ぎたいと本気で思うのなら、特異性だけではなくて普遍性にも目を向けるべきです。そこにこそ本質があります。

風化させるなと多くの人は言う。でも僕は実のところ、もう風化しちゃっていいと思っています。だって二〇年ですよ。風化することが自然なんです。大学で教えていますが、今の一年生や二年生はちょうど地下鉄サリン事件の頃に生まれています。オウムをリアルタイムに知るはずはないけれど、麻原やオウムの名前は誰もが知っています。考えたら異常なことです。

なぜ風化するのか。忘却するからです。記憶と同時に忘却も大切なメカニズムです。なぜなら記憶のキャパシティには限界があります。本来ならもっと風化しているはずです。

ならばおまえはなぜオウムにこだわり続けるのだと言われそうだけど、その理由は、オウムについてこの社会は歪《いびつ》な記憶の仕方をしてしまったから、ということに尽きます。不安と恐怖ばかりを強く刷り込まれた。だからオウム以降に社会は激しく変質します。過去形ではなくて現在進行形です。つまり僕が抱いているのは、この形で風化することへの危機感です。

どんな事件でも特異性と普遍性がある。でも、事件が耳目を集めれば集めるほど、多くの人は特異性を求めます。だからメディアも特異性ばかりを強調する。結果として特異点としてのモンスターが造形される。オウム報道はその典型です。それではダメなんです。教訓にするべきは普遍性のほうです。なぜならその領域は僕たちの本質につながっているのだから。なぜ、あのような事件が起きたのか。閉鎖された共同体の中で何が起きたのか。人が誰もが持つ信仰心はどのように作用したのか。そのような普遍性を考察しなければいけないのに、絶対悪の位置に置くことで、メディアと社会はその視点を拒絶しました。その帰結として、とても特異な集団が特異な状況に陥って起こした特異な犯罪にされてしまう。こうして喚起された危機意識は社会を内側から変質させます。何よりも真相からはあまりに乖離している。その形のまま風化するなら最悪です。だから僕は今もオウムにこだわり続けます。ただしその場合の焦点は、もはやオウムではなくて、この社会です。

TBS事件とメディアの萎縮

青木　森さんは先ほど、オウム事件に関してテレビは、ドキュメンタリーの作法としてまったく当たり前のことをしなかったと言いましたね。それは同感ですが、でも僕は森さんと少し違う見方をしています。

最近のテレビを見ていると、オウム事件当時のテレビって、よく言えばやんちゃというか、悪く言えば下品というか、そんなムードも残っていました。確かにオウム側に密着して真正面からのドキュメンタリーを撮ろうとはしなかったかもしれないけれど、連日のように上祐史裕《じょうゆうふみひろ》*1あたりを筆頭とするオウム幹部がテレビに出演し、大半は嘘まじりの主張を繰り返していた。これに対し、当時で言えば江川紹子さんだったり、二木啓孝さんといったジャーナリストやリポーターを対峙させ、ある種のニュースショーというか、オウムを見せ物として貪欲に消費していた印象があるんです。「ああ言えば上祐」なんていう流行言葉は、その象徴的な副産物でしょう。

　そういうテレビ報道に、僕が担当していた警視庁の連中なんかは不満を募らせてました。テレビの連中はオウムの連中を調子に乗らせていると。確かにそういう面はあったかもしれないけれど、あの頃のテレビって、そんな警察側の声なんか気にかけないというか、もうちょっとやんちゃで下品なところがあった気がするんです。賛否両論あるだろうけれど、あのやんちゃさというか、お行儀の悪さというのは、メディアとして大事なところだという気がします。

森　メディアは行儀よさを最優先すべきではないという意味では同意します。確かにTBS

＊1　1962年生まれ。ひかりの輪代表。地下鉄サリン事件後、教団の広報責任者としてテレビ等に出演した。1995年10月、有印私文書偽造などの容疑で逮捕され、懲役3年の実刑判決を受ける。1999年12月に出所し「アレフ（現・Aleph）」を設立。2007年5月、松本家との対立から別団体として独立、「ひかりの輪」を設立した。

＊2（次頁）　在ペルー日本大使公邸占拠事件。1996年12月17日にペルーの首都リマで起きた駐ペルー日本大使公邸襲撃および占拠事件。翌1997年4月22日にペルー警察の突入によって解決するまで4カ月以上かかった。天皇誕生日祝賀レセプションが行われていたため、600人以上が人質となった。人質として捕らえられていた人びとの証言によれば、人質に対する対応は非常に紳士的だったとされている。トゥパク・アマル（古代インカ語で「輝ける龍」の意）革命運動は、リマを中心に活動していたペルーの左翼武装組織。

事件があってから、メディアの振る舞いは急激に変わりました。オウム幹部のインタビューは視聴者を洗脳するから放送してはいけないとのわけのわからない状況がこのあたりからはじまります。要するにオウムはメディアにとって「取り扱い注意」になるわけです。

青木 ＴＢＳ事件（八一頁）で、ＴＢＳが、オウム真理教幹部にインタビューテープを見せていたのを認めたのはいつでしたっけ。

森 九六年の三月です。

青木 オウム事件報道が本格化してからちょうど一年後くらいですね。

森 それ以降は、上祐など幹部信者の多くが逮捕されたこともあるけれど、ワイドショー的な消費のされ方はかなり変わったと思います。でもオウムによって刷り込まれた作法は、たとえばモザイクを臨場感を出すための演出に使うとか、それはメディアに今も残っています。確かに青木さんが言うように、本来はお行儀悪いのがテレビです。いい意味でも悪い意味でも。それが萎縮した。それもオウムがメディアに残した負の後遺症です。

地下鉄サリン事件の翌年に、ペルーの日本大使公邸が左翼武装組織のトゥパク・アマルによって占拠される事件[*2]が起きます。数百人が四カ月にわたって人質にされた。このとき共同通信の原田浩司カメラマンや広島ホームテレビの人見剛史記者が邸内に潜入してトゥパク・アマル幹部へのインタビューを敢行します。でも結果として系列のテレビ朝日はこの映像を封印しました。ゲリラのプロパガンダになるとの理由です。その理屈なら、何も報道できない。これは明らかにオウム報道の後遺症だと思う。

青木　そういう意味で言うと、ＴＢＳ事件がテレビ界に与えた影響は大きかったんですね。あれでＴＢＳはワイドショーを一切やめたわけでしょう。最近、朝のワイドショーを復活させましたが、かつてよりはずいぶんおとなしい情報番組です。

森　まさしくそうですね。あのときＴＢＳを叩きながら、各テレビ局は自分たちもまずいと萎縮した。さっきも言ったように、この構造はまさしく二〇一四年の朝日新聞バッシングと構造的に近い。権力に歯向かったらまずいと萎縮する。これも原点はオウム報道です。

3

日本の刑事司法

オウムで生き延びた公安調査庁

森　オウムに対する公安調査庁の団体規制法に関する観察処分が、一九九九年十二月にはじまります。このとき僕は「A2」を撮っていました。最終的に編集で落としたシーンだけど、観察処分初日に埼玉県の越谷にあったオウムの施設で、初めて施設内に入ってきた公安調査庁の職員たちの様子を撮っています。全員が「公安調査庁」とロゴを入れたお揃いのジャンパーを着ていました。やっぱりロゴ入りのアポロキャップも新調していた。要するにテレビカメラを意識しているわけです。秘密裏の調査が原則のはずなのに。オウムの信者も苦笑していました。施設の中でも職員たちは大騒ぎです。はしゃいでいたという感じでした。

青木　そりゃあ、はしゃぐでしょうね。公安調査庁は当時、組織存亡の危機にあったんです。いわば、オウムのおかげで生き残ったようなものですから（笑）。

どういうことかと言うと、九〇年に前後して冷戦体制が崩壊し、省庁再編や行政改革などが進む中、公安調査庁なんていらないんじゃないか、という声が与党・自民党の中からも出ているような状況だったんです。公安調査庁が無能なのは、少し気の利いた議員なら、みんなよくわかっていましたからね。

そもそも公安調査庁は、一九五二年に制定された破防法（破壊活動防止法）にもとづいて法務省の外局に設置された行政機関です。一部では「情報機関」とか「日本版ＣＩＡ」なんていう勘違いの指摘もあるけれど、とんでもない誤解で、あくまでも破防法を適用するための調査・請求機関にすぎなかった。情報収集できるのは、破防法を適用するか否かに必要な範囲に限られ、調査にあたっての強制権限もなかったんです。

考えてみれば当然な話で、「暴力主義的破壊活動」を行ったと認定された団体の解散命令までできる破防法というのは、憲法が保障する集会・結社の自由を根本的に侵しかねない劇薬法ですからね。制定当時も激しい反対運動があって、極めて限定的な権限しか与えられなかったわけです。

それに公安調査庁は公安警察と同様、そもそもは共産主義の封じ込めが組織発足の目的でした。その後、一部の新左翼セクトが活動を活発化させた時代には、団体規制請求を検討したこともありましたが、結果としては一度も請求をしたことがないまま半世紀近い時が過ぎ、公安調査庁の団体規制請求は〝抜かずの宝刀〟と言われていた。それどころか、実際に抜いたら錆びてボロボロのなまくら刀しか出てこない、なんて揶揄する声まであったくらいなんです。

そうして公安調査庁なんかいらないんじゃないかという声が出てきて、これはヤバいということになって、九〇年代の半ばぐらいにかけて公安調査庁は内部でさまざまな画策をはじめるんです。その一つが、「公安情報の総合官庁」を目指そうとする動きでした。

公安調査庁は、あくまでも破防法の適用に関する限定的な情報を調査する役所ですから、本来はなんでもかんでも情報収集してはいけないんです。それまで内部では「調査指定団体」というのを定め、その団体の動向に関する調査を行っていました。筆頭はやっぱり共産党で、それ以外は中核派や革マル派や革労協といった新左翼セクトや朝鮮総聯、右翼団体などだったんです。そこから外れたような調査をすれば「なぜそんなことをしているのか」「なんの権限があってそんな調査をしているのか」と批判されかねなかった。

森　破防法が成立した時期は朝鮮戦争（一九五〇年六月二十五日〜。一九五三年七月二十七日休戦）のまっただ中だから、アメリカの反共政策とも呼応していたところがあるだろうけど、逆に、ある意味でアメリカ的民主主義、自由を尊重するというような規範みたいなものも入っていたということなのかな。いいとか、悪いとかいう意味じゃなくてね。

青木　反共政策の落とし子であるのは事実ですが、やはり戦後民主主義の価値観と破防法制定時の反対運動などが公安調査庁の活動範囲にタガを嵌めた面が大きかったと思います。しかし、不要論が噴き出しはじめる中、いつまでも共産党や左翼ばかり調べていてもジリ貧になるということで、内部で密かに組織改革を検討しはじめるんです。従来の調査対象にとどまらず、もっと幅広い団体、個人を調査するんだという方向でね。

しかし、公安調査庁がそんなことをやっていいという根拠法はどこにもない。このことは当時、僕も公安調査庁の内部文書を手に入れて共同通信で何度も批判的な記事を書きました。実際、内部文書には、とんでもないほど幅広い調査をするんだと謳い上げられていたんです。たとえば一般の市民団体や労組、各種のNPO団体、それに共産党以外の政党や、果てはマスコミ内部の動向や著名文化人、日本ペンクラブなどまで調査対象にして、かき集めた情報を時の政権に提供することでお役に立ちたい、などと書かれていた。そもそも公安調査庁にそんな調査能力があるかどうか疑問なんですが（苦笑）、「公安情報の総合官庁になるんだ」と息巻いて不要論に抗おうと必死になっていたんです。

オウム事件が起きたのは、ちょうどそんなときでした。先ほども言いましたが、公安調査庁なんて、オウム事件の抑止にも摘発にも、クソほどの役にも立っていない。警察やメディアの尻をおっかける形でにわかに騒ぎはじめ、警察がオウムをさんざん叩いた後になって破防法にもとづく団体規制請求を行っただけです。しかも、組織はじまって以来の団体規制請求は、必要性がないとされて公安審査委員会に蹴飛ばされてしまった。当然の結末であり、この時点で本来、公安調査庁など廃止しても構わなかったでしょう。

しかし、メディアも世論も、オウムは今後も監視しておかねば危ないという方向に盛り上がり、それじゃあどの役所にやらせるかとなったら公安調査庁くらいしかないから、オウム新法とも称された団体規制法を新たに制定して、公安調査庁はかろうじて生き残りに成功したんです。

森　だからこそ公安調査庁は組織延命のために、オウムの後継団体であるアレフとひかりの輪の危険性を必死に強調します。二〇一五年三月に観察処分の三年間延長が決定されたけど、その根拠として公安調査庁は、信者がこれだけ増えたとか資金も増えたなどの数字を記載した年次報告を公安審査委員会に提出しています。このデータを各メディアは、特にオウム二〇年の二〇一五年、大きく報道しました。危険性が急激に増しているとの文脈です。でも、あの数字にはトリックがあります。公安調査庁は増えた信者の数しか発表しないのです。減った信者の数は発表しない。この数年では減った信者のほうが多い。家計簿で言えば収入しか記載していないわけです。増えるのは当たり前。トリックと言うのも気恥ずかしい。でもメディアはそれを見抜けない。

青木 ええ。公安調査庁のような無能官庁が、必死になって膨らまし粉をまぶしてつくったデータをありがたがって報じているメディア記者もクソですよ。ただ、これは皮肉を込めて言うんですが、僕は公安調査庁は存続したほうがいいと思っているんです。破防法という劇薬法がある限り、公安調査庁は残しておいたほうがいい。あれ、公安警察が持ったら怖いですよ。

森 無能な組織が持っていたほうがいい。

青木 そう。破防法を公安警察に使わせたら怖い。現実にはありえない想定ですが、たとえば警視庁公安部あたりが破防法を司っていれば、あんなに無能なことはしない。オウムには確実に破防法の団体規制が適用されていたでしょう。

もう一つ、公安警察と公安調査庁って仲が悪いんです。同じような活動をしているんだけど、公安警察の連中は公安調査庁の連中を「無能な役立たず」ってバカにし、公安調査庁の連中は逆に公安警察を「強大な権限を盾に威張りくさっている」と反発している。この両方を取材する記者などにとってみれば、双方の内部事情が双方から漏れ伝わってくる。

競争する同じような組織が二つあると、お互いに仲が悪くて、お互いの情報を出すから、これもある面でいいこと。だから僕は、公安調査庁というのはできるだけ無能な機関として、破防法がある限りは残ってくれたほうがいいんじゃないかと思ってます。繰り返しますが、そんな役所の情報をありがたがってもらっているメディア記者は軽蔑すべきですけどね。

刑事司法に隠された麻原彰晃

森　オウムの観察処分が二〇一五年三月に三年間延長が決定されたけど、仮にアレフやひかりの輪の資金と人が増えたとしても、……さっき言ったようにそれは事実ではないのだけど、まあでも仮にそうだとしても、だから危険だという論法は、本来は成り立たない。だってトヨタやニッサンが大きくなったから危険だとの認定は誰もしないですよね。危険と断定するには別の要素が必要です。
このときに公安が使うのが「いまだに麻原彰晃に帰依している」というレトリックです。それならばその麻原とは、どのような人物なのか。彼に帰依することの何が危険なのか。それはかつてと今ではどのように変わったのか、あるいは変わっていないのか。そうした要素を解明するためには、何よりもまず、彼がどのようにサリン事件に関与したのかを検証しなければいけないけれど、オウム二〇年の三月二十日前後の日本のメディアで、そんな視点を目にしたことはまったくない。

そんなことはとっくに解明済みだと思う人はいるかもしれない。ならば考えてほしい。二〇一五年四月三十日に判決公判が行われた高橋克也の裁判で、証人として井上嘉浩や中川《なかがわ》智正《ともまさ》など六人の死刑が確定した元幹部信者が出廷しました。その前の菊地直子や平田信のときも同様です。でもならば、最大のキーパーソンである麻原はなぜ証人として出廷しないのか。

青木　先ほども話しましたが、まったく同感です。少なくともメディアは、なぜ出廷させないのかと声を上げるべきです。

森　出廷できる状態ではないとの前提を認めているならば、それはそれで大問題です。このとき証人として出廷した井上嘉浩は、リムジン謀議をまた否定しました。結局は麻原からの指示はなかったと。井上はこれまでにも何度もリムジン謀議を否定しています。そもそもリムジン内で麻原から、間近に迫った強制捜査をかわすためにサリンを散布しろとの謀議と指示があったと証言したのは井上だけです。そして麻原一審判決は、このリムジン謀議を最大の根拠にして、麻原の共謀共同正犯を認定しました。

ということは、麻原裁判についての見直しが必要になります。認定されていた動機が消えたわけですから。でも裁判所は再審を認めない。まあ簡単には認めないでしょう。でもならば、メディアがおかしいではないかと異議申し立てをするべきです。ところが沈黙している。その理由が僕にはわからない。

青木 最近、僕はあるテレビ番組で言ったんです。高橋克也の裁判になぜ麻原を呼ばないのかって。一緒に出演していた裁判担当の記者は、打ち合わせにない質問だったからか、あたふたしてしまってまともに答えられなかった。別に麻原に直接指示を受けたわけじゃないから呼ぶ必要はないとかなんとか言ってたのかな。番組後にもう一度聞いたら、麻原を呼んでもまともな証言などするわけがないから、呼んでも意味がないとも言っていましたけどね。

森 その記者は本気でそう思っているのかな。だってそれを理由にするならば、高橋克也だけではなく、信者の誰もが麻原から直接の指示など受けていない。キーパーソンの村井幹部は刺殺された。唯一の証言だったリムジン謀議は、証言者である井上自身が後に何度も否定しているわけですから。さらに、まともな証言などするわけがないから呼ばないとの理屈は、司法のデュープロセスを真向から否定しています。つまり法治国家の看板を外すことになる。まあ、本音を言えば、とっくに外れかけているけれど。

青木 ええ。つまりは思考停止でしょう。麻原の問題に踏み込んでしまうと、森さんが言ったような、麻原は地下鉄サリン事件にはたして関与していたのかという根本的な懐疑に踏み込まなくちゃならない。もっと踏み込めば、彼は本当に詐病なのかという迷路に迷い込んでしまう。おそらく、多少まともな記者たちは、もう壊れているとわかっている。では、なぜ壊れたのか。はたしてこのまま死刑囚として収監しておいていいのか。迷路の奥にはさらに巨大な迷路があって、そこにまで踏み込んでいかなくちゃならない。

それはできないから、手前の小さなドアを閉めて、あとは考えないことにしようというメンタリティなんじゃないかと思います。つまりは思考停止。考えること自体、ありえないこととして蓋をしてしまっている。

森　しかもそこに踏み込んだら、つまり声を上げると、この社会からはバッシングされる。

青木　バッシング、受けますかね。

森　確実に受けます。実際に僕は『A3』を刊行したことで、いわゆるオウムウオッチャー的な弁護士やジャーナリストから、まったく見当はずれの抗議を何度も受けています。国民の多くも麻原を処刑できなくなると聞けば、冗談じゃないと思うでしょう。

青木　でも、冷静に考えれば、極めて真っ当な疑問でしょう。ジャーナリズムがきちんと取り組むべきテーマだし、なんで麻原を証言台に立たせないのかって言われたら、誰も反論できない。森さんが言ったように、人間は忘却するものだし、忘却することは別に悪いことばかりじゃない。でも、この件は別ですよ。現在進行形の刑事裁判も関わっている。戦後犯罪史に残る事件の全容解明にも関わる。死刑制度を是とするにせよ否とするにせよ、法に定められた手続きの適正確保という重大問題にも直結する。麻原を絶対悪と断じて蓋をし、見て見ぬふりをしてやりすごしていい問題じゃない。

森　その意味でオウムは終わっていない。ならば事件から二〇年目という節目の年こそ、今のところは誰もまだ処刑されていないし、もう一度事件を考える材料は残されているのだから、再検証するチャンスだった。メディアがそうした提案をしてくれればと時折思います。まず無理だとわかってはいるけれど……。

青木　あれから何年といった形で時代を区切り、そこに何か意味を見いだそうとするのは人間の勝手な妄想にすぎないけれど、二〇年というのはけっこうチャンスだったなと僕は思いました。実際、高橋や平田、菊地が捕まり、パンドラの箱を開けたようにオウム裁判が再びはじまった。と同時に、メディアにはかつてオウム取材に関わった連中、僕なんかと同世代の連中がデスクや管理職になっているはずだから、当時の蓄積を踏まえた検証取材、検証企画もできるはずなんじゃないかと思った。でも、そうしたものはどこもやらなかった。なぜなんでしょうね。

森　テレビ朝日の「モーニングショー」で青木さんが問題提起すれば、他のメディアも動くんじゃないかな。

青木　いちコメンテーターの僕にそんな権限がないのはご存知でしょう。でも僕は、この国の刑事司法と死刑制度の歪みについては、発言できる機会があれば発言するし、書き続けようと思ってます。それが僕らの責務ですから。

なぜ、謀略史観に陥ってしまうのか

森　死刑確定前の岡﨑一明に面会したとき、麻原が壊れた理由は拘置所の中で一服盛られたからとの説があると言っていました。僕はそれはさすがにないのでは、と思っているけれど。そもそもオウムの周囲には謀略史観が多すぎるんです。不明な領域が大きすぎるからだと思う。

青木　まあ、カルトに謀略史観はつきものですからね。かつてのオウムの主張なんて、失笑するような謀略論ばかりでしたし。でも、オウムばかりをバカにしてもいられない。あえて挑発的に言うと、右翼は窮すると愛国に逃げ込み、左翼は謀略に逃げ込む面がある。オウム事件をめぐって公安警察が潜入捜査をしていたとか、知っていながら泳がせたなどというのは、前にも言いましたが僕が知る限りは、根拠なき謀略論の類です。

もちろん、公安警察が謀略的な動きをすることはあります。歴史を振り返れば、菅生《すごう》事件*1は典型的な謀略だったし、共産党国際部長宅の電話を盗聴するなどという違法行為にも平気で手を染める。確かにそういう例はあるんだけれど、易々と謀略論を口にしたり、そこに逃げ込むような態度は戒めるべきです。謀略論は、無用な恐怖やカルトを誘発する面がある。ましてや僕はジャーナリストなので、取材で得た事実や、その事実に一定以上裏づけられた分析や推論以外は原則として口にしないし、書くべきではない。

森　確かに左翼って謀略と親和性が高いところがある。なんででしょうね。謀略というよりもファンタジーが好きなのかな。下山事件[*2]を取材した経験から言えば、権力側が事件や事故に便乗することはよくあります。ベトナム戦争のきっかけになったトンキン湾事件[*3]とか満州事変の発端である柳条湖《りゅうじょうこ》事件。[*4]まあ柳条湖事件は関東軍の自作自演であることが明らかになっているけれど。いずれにしても予期せぬことが起きたとき、これを利用しようとか便乗しようとするのは権力の常套手段です。

青木　ええ。トンキン湾事件は米軍の自作自演、柳条湖事件は旧日本軍の自作自演ので っち上げ。張作霖爆殺[*5]もそうです。戦後は下山事件の前後に三鷹事件、[*6]松川事件[*7]なども起きていて、

＊1　1952年6月2日に大分県直入郡菅生村（現在の竹田市菅生）で起こった、公安警察による日本共産党を弾圧するための自作自演の駐在所爆破事件。これにより日本共産党員ら5人が逮捕・起訴された。被告人全員が事件との関係を否定したが、一審大分地方裁判所で全員有罪判決。しかし、その後の弁護団や報道機関の調査で、事件に公安警察官戸高公徳が関与していることが明るみに出た。戸高には有罪判決が下されるも刑を免除された。復職後は、警察大学校教授などを歴任して警視まで昇進。ノンキャリアの公安警察官としては異例の出世を遂げた。

＊2　1949年7月5日朝、国鉄総裁下山定則が出勤途中に失踪、翌7月6日未明に死体となって発見された事件。1964年7月6日に公訴時効が成立し、未解決事件となった。当時、中国共産党の台頭や朝鮮半島の緊張などにより、連合国占領軍は日本で反共政策を進めていた。国鉄に対しても約10万人の人員整理を計画。その交渉にあたっていたのが下山総裁であった。

＊3　1964年8月、北ベトナム沖のトンキン湾で北ベトナム軍の哨戒艇がアメリカ海軍の駆逐艦に2発の魚雷を発射したとされる事件。1971年6月『ニューヨーク・タイムズ』が、いわゆる「ペンタゴン・ペーパーズ」を入手、事件はアメリカ合衆国が仕組んだものだったことを暴露した。

＊4　1931年9月18日、奉天（現・瀋陽市）近郊の柳条湖付近で、日本の所有する南満州鉄道の線路が爆破された事件。関東軍はこれを中国軍による犯行と発表、満州事変の発端となった。

＊5　1928年6月4日、奉天（現・瀋陽市）近郊で、日本の関東軍によって奉天軍閥の指導者張作霖が暗殺された事件。関東軍参謀の河本大作大佐の計画だとされる。この事件をきっかけに満州国建国が進んだ。

これもさまざまな見方が飛び交い、今も判然としないナゾが多い。しかし、そのナゾを事実で埋めようとして取材したり検証したりするのではなく、安易な憶測で謀略論を唱えるのは、話としてはおもしろいかもしれないけれど、むしろ社会に害悪を振りまくだけだと思います。

森　これもやはり特異性です。多くの人が特異性を求めるから、この事件の背景にはこんな特異なメカニズムが働いているんじゃないかとの見方をしたくなる。確かにそれはエンターテインメントとしてはおもしろいけれど、でもその結果として、最も重要な普遍性が抜け落ちてしまう。

青木　同感です。

森　左翼と相性がいい理由は、権力に対する一種の過大評価でもあるからでしょう。敵は大きければ大きいほど悪辣さが強調されるし。

青木　そういう面は否めないでしょうね。もう一つ付け加えれば、謀略論が出てくる背景に情報不足という面があることも忘れてはいけないと思います。必要な情報が伝えられないから、その部分を憶測や謀略論で埋めてしまう。埋めたくなってしまう。時にはそこから悪質なデマゴギーも生まれる。二〇一一年に福島第一原発の事故が発生した際、ネット上などでは重要な情報が共有される一方、デマも数々流布されましたよね。これは、メディアが政府発表ばかり垂れ流し、伝えるべき事実をきちんと伝えていなかったことにも原因があると思います。

これは僕が『日本の公安警察』を書いた一つの理由でもあるんです。公安警察という組織の実態がほとんど知られていないから、とてつもない権力組織であるとか、ありとあらゆる謀略もいとわないんだという妄想も生まれる。もちろん、公安警察は強大な権力組織なんですが、事実にもとづく実態をきちんと踏まえた上で眺めたほうがいい。それでも、いまだに僕のところには「隣の部屋で公安警察官が盗聴しているけどどうしたらいいか」とか「知らないうちに身体にチップを埋め込まれた。公安警察の仕業だと思う」とか、そんな相談を深刻な顔でしてくる人がいますが、それはまあ精神病理学の世界の話でしょう（笑）。

ただ、正直に言えば、僕だって謀略論にとらわれてしまいそうになることはあるんです。特にオウム事件に関しては、あまりにナゾが多く残されたままですから。たとえば、なぜ村井秀夫は殺されたのか。[*8] 村井がもし生きていれば、オウム事件の構図はもう少しクリア

＊6（前頁） 1949年7月15日に三鷹駅構内で起きた無人列車暴走事件。三鷹駅の下りホームに進入した後、時速60km程のスピードで車止めに激突し、そのまま車止めを突き破って脱線転覆した。これにより、脱線転覆しながら突っ込んだ線路脇の商店街などで6名が死亡。1955年6月22日、運転士に死刑判決が下された。無実を訴え続けるも1967年に獄死。運転士による単独犯説や複数犯説、労働組合の関与など諸説ある。現在、遺族が再審請求中。

＊7（前頁） 1949年8月17日午前3時ころ、松川駅〜金谷川駅間のカーブ入り口地点を通過中だった上り東北本線が脱線転覆した事件。乗務員3人が死亡した。転覆地点付近の線路継目部のボルト・ナットが緩められ、継ぎ目板が外されているのが確認された。東芝松川工場労働組合と国鉄労働組合構成員合わせて20人が逮捕・起訴され、福島地裁による一審判決では、被告20人全員に有罪（うち死刑5人）が下されたが、裁判が進むにつれ無実が明らかになり、1959年8月10日、最高裁は有罪判決を破棄し、仙台高裁に差し戻した。1963年9月12日、最高裁は検察側による再上告を棄却し全員の無罪が確定した。

＊8 1995年4月23日、オウム真理教の幹部・村井秀夫が、東京都港区南青山にあった教団東京総本部前で、山口組傘下の右翼団体を名乗る暴力団の構成員に殺害された事件。

になった可能性が高い。オウムの犯罪の中で麻原をどう位置づければいいのか、村井の証言は極めて重要だった。しかし、決定的な時期に村井は殺されてしまった。

実行犯は徐裕行《じょひろゆき》という暴力団組織の末端メンバーで、捜査を担当したのは警視庁公安部でしたが、動機や指示命令系統などは不明な部分が多い。そうすると、どうしても謀略的な見方をしたくなってしまう。なぜ村井があの時点で殺されたのか。なんらかの思惑にもとづく口封じだったのではないか。

だからこそ、僕は麻原をちゃんと処置すべきだと思う。詐病だっていうなら、それでもいい。ならば高橋や菊地の公判に引っ張り出し、しゃべらせるようにすべきでしょう。詐病ではないのなら、きちんと治療し、事件の真相がいったいなんだったのか再検証すればいい。それでも永遠にわからないかもしれないけれど、その努力を尽くさないのは、事件の再発防止という観点からも問題です。

森　出所後の徐裕行に僕は二回会ったけれど、「テレビを見ていてこいつら許せないと思ってやりました」との言葉に嘘や誤魔化しのニュアンスは感じなかったな。ダークな裏事情はないと思う。そう言ってしまうとなんとお人好しだと思われるかもしれないけれど、そう思う根拠は他にもいくつかあります。

青木　取材などで実際に当事者と会えば、謀略論をはなれて地に足のついた推論ができる、ということでしょう。でも、彼が知らなかっただけ、という可能性はないんですか。

森　うーん。「こいつら許せない」に嘘はないと思うけれど、誰かがさらに煽ったとか吹き込んだなどはあるかもね。でもたとえば、村井の口封じを決めた闇の勢力に利用されたとの構図は謀略史観だと思う。そういえば麻原が殺害を指令したとの説もあるけれど、まったく荒唐無稽だと思います。

　なぜかこのときオウムの青山本部の扉の鍵がかかっていなかったとか、確かにいろいろ不明な点はあるけれど、逆に言えば不明な点が多いから、謀略的な見方が起動してしまう。あの殺害場面を撮ったＴＢＳのカメラは、その前から現場付近をうろうろする徐裕行を何度も映していました。だから事件後は、ＴＢＳは村井襲撃の情報を摑んでいたなどの噂が広まりました。そのカメラマンを僕は知っています。当時テレビ各局は、常に撮影クルーを青山本部の周囲に張り込ませていた。たまたまあの日は彼が担当だった。朝からずっといるけれど何も撮るものがない。だからちょっと場違いな男がいるなと何となく撮っていたら、あんなことになってしまった。それなのに事件後には警察に呼ばれて尋問されてひどい目に遭ったとこぼしていました。えてしてそんなものだろうと思います。そういえば麻原詐病説だって、一種の謀略史観だと思う。つまり麻原の精神が壊れるはずはないと過大評価しているわけです。

青木　そうですね。

森　「Ａ２」では右翼が重要な被写体になっています。横浜でオウムの施設に街宣活動をしている右翼を撮っていたとき、カメラを向けたら、一人だけ隠れる男がいるんです。隠れるからこっちもむきになって撮ろうとすると、さらに隠れようとする。その様子を見ていた他のメンバーが、「こいつは勘弁してやってくれ」と言う。なぜですかと聞いてもなかなか理由を言わない。後でわかったけれど、彼は公安でした。右翼担当ですね。一緒になって街宣活動をやっている。もちろん他のメンバーも彼の素性をわかっている。公安ってこういう存在なのかと、そのときに思ったけど。

青木　それは貴重な映像ですね（笑）。すべての右翼団体がそうではないけれど、そもそも公安警察と右翼というのは親和性が高いんです。お互いに「反共」が組織のレーゾンデートルですから、極端に言えば、目指す方向性は一緒。左翼団体のメンバーが公安警察と親しく付き合うなんていうことはありえないのに対し、かなりの右翼団体は平気で公安警察と交わり合う。公安警察官が右翼団体の事務所を訪れて情報収集したり、一緒に酒を飲んだり、時には公安警察官が右翼を焚きつけて事件を起こさせることだってある。

公安調査庁もそうです。ただ、公安警察と違って逮捕や家宅捜索といった強制権限がないので、酒を飲んだりカネをばらまいて情報収集することが多い。しかも、公安警察は事件を立件すれば、裁判などでそれなりのチェックを受けるけれど、公安調査庁はまったく外部からのチェックが働かないから、どうしようもない腐り方をしている。

余談だけど、つい最近、公安調査庁が宣伝のためにホームページ上で、テロを防ぐスパイゲームみたいなものを公開した。びっくりしたのは、あるテレビ局が夕方のニュース番組でそれを延々と紹介して、「お堅いイメージの公安調査庁がこういう試みをするのはなかなかいいことですね」なんていうヨイショをしていた。もう唖然ですよ。恥の概念が吹っ飛んでいる。

森　ひかりの輪の信者が居住する世田谷区千歳烏山のマンション周辺には、かつてアレフの道場もあって、特設の派出所と公安調査庁のプレハブが監視小屋として建てられています。でも、公安調査庁のプレハブの扉の上には、「公安調査庁」って大きな看板がかけられているんです。派出所の巡査に、看板についてどう思うかと聞いたら、普通やらないよバカだよなって笑っていました。お揃いのジャンパーは、今もメディアが来るときには着用するそうです。

青木　その程度の組織なんです。まあ、公安調査庁なんていう無能官庁のことをこれ以上話しても仕方ないから話題を変えますが、公安調査庁の親玉である法務・検察と警察は現在、盗聴法の大幅強化を狙っています。現在の盗聴法（通信傍受法）が国会で成立したのは九九年の八月。僕も当時、国会で取材していましたが、憲法が保障する通信の秘密を侵すものですから、猛烈な反対の声が高まり、ＰＫＯ法[*1]以来七年ぶりか八年ぶりの徹夜国会となって喧々諤々の議論をして、しかし残念ながら成立してしまった。僕が『日本の公安警察』を書くきっかけの一つにもなりました。

森　この年には通信傍受法以外にも、住民基本台帳法に国旗国歌法、さらに周辺事態法も国会であっさり通過しました。僕はオウム以降にはじまった集団化が具現化したとみなしています。要するに、集団として管理統制されることへの希求が急激に強くなった。

青木　そのとおりです。オウム新法といわれた団体規制法はもちろんですが、盗聴法にせよ国旗国歌法にせよ周辺事態法にせよ、いずれも国家機能の強化を図る動きに他ならず、すべてはオウム事件の余波という面がありました。

ただ、盗聴法について言えば、法務・検察や警察はもっと強力な法律を画策していたんだけど、猛烈な反対の声を受け、実際に成立した法律はかなり限定的な内容になりました。盗聴捜査ができるのは組織的殺人や薬物、銃器、集団密航などに限られ、盗聴の際には通信事業者の立ち会いも必要とされた。盗聴場所も事業者の施設内です。捜査機関側にとっては「足かせが多くて使い勝手の悪い法律」になったわけですが、あれから十五年以上経って、今度は対象犯罪を一挙に拡大させろと法務・検察と警察は言いはじめているわけです。詐欺や窃盗といった一般犯罪まで対象に含めるという中身で、たとえば窃盗は、警察が把握している全犯罪の七割を占めているくらいですからね。しかも通信事業者の立ち会いも不要とし、将来は警察施設内での盗聴も視野に入れている。いわば「盗聴捜査の全面解禁」と言えるほどの内容です。ところが、永田町でも、メディアも、さほど反対の声が盛り上がらない。このままだと法務・検察や警察の思惑どおりに成立してしまいそうな雰囲気です。

そもそも今回の盗聴法の強化案って、なんでそんな話が出てきたかと言ったら、きっかけとなったのは大阪地検特捜部の証拠改竄事件[*2]ですよ。これを調査報道で暴いたのは朝日新聞の板橋洋佳《ひろよし》記者たちでした。実に立派なスクープだったと僕は思うけれど、それまでの大手紙やテレビメディアの報道ぶりを考えれば、称賛してばかりもいられない。検察組織が「巨悪を撃つ正義の捜査機関」だなどという神話を拡散させ、完全にタブー視して批判を加えてこなかったからこそ、検察組織が暴走してしまった面もあるわけですからね。

とはいえ、朝日のスクープによって証拠改竄という前代未聞の不祥事が明らかになり、検察組織の問題点と腐敗ぶりがようやく表沙汰になりました。新聞やテレビも、この時点でやっと検察を批判し、刑事司法の問題点などに言及しはじめたんです。これに前後しては、足利事件(五五頁)や布川事件(六三頁)など、重要事件での冤罪が次々に明らかになっ

＊1　国際連合平和維持活動等に対する協力に関する法律。他国の平和維持活動に自衛隊を派遣することができるかが争点となった。自民・公明・民社の過半数による採決に対し、野党は徹底した牛歩作戦などで対抗した。1991年12月に衆議院本会議で可決。1992年6月の参議院本会議で修正案の可決を受け、6月15日に衆議院本会議にて参議院修正案が可決、成立した。

＊2　大阪地検特捜部主任検事証拠改竄事件。2010年9月21日に大阪地方検察庁特別捜査部所属の障害者郵便制度悪用事件担当主任検事が、証拠物件のフロッピーディスクを改竄した。その証拠隠滅の容疑で、当時の上司であった大阪地検元特捜部長及び元副部長が、証拠の改竄を知りながらこれを隠したとして犯人隠避の容疑でそれぞれ逮捕された。

ていますね。

結果、当時は民主党政権でしたが、法相の私的諮問機関として「検察の在り方検討会議」という組織がつくられ、江川紹子さんや郷原信郎さんといった検察に批判的な識者も加わって、検察組織や捜査の問題点について論議がはじまったんです。

これに対し、会議の事務局を担った法務省は、ありとあらゆる手段を使って抵抗しました。事務局の責任者に法務・検察組織のエースとされている人材をあて、議論の方向性を検察や警察に都合のいいものへとねじまげ、徐々に骨抜きにしていったわけです。一方、東日本大震災が発生したことなどを受け、メディアの追及も徐々に下火になっていってしまいました。

森　板橋記者の仕事は確かに重要です。問題はこのキャンペーンが長続きしないこと。メディアの側の息が切れてしまう。まあこれを言い換えれば、読者や視聴者が興味を示さなくなったということなのだけど。

青木　ええ。最終的に会議は「提言」を発表しますが、案の定というか、あまり踏み込んだ内容が盛り込まれず、その後は、法制審議会（法制審）の中に「新時代の刑事司法制度特別部会」というのをつくって、ここで具体的な議論を行うことになりました。

法制審っていうのは、これも法相の諮問機関だけど、ここが出した答申は原則的に法制化されるっていう極めて重要な組織なんです。まあ、選択的夫婦別姓制[*1]については法制審が導入を答申したのに、化石時代のような自民党の復古派発想の連中が抵抗して実現していないといった例外はあるけれど、答申は原則として法制化されてきた。この法制審に特別部会をつくり、映画監督の周防正行《すおうまさゆき》さんとか厚生労働事務次官の村木厚子さんとかもメンバーに加わって議論がはじまったんです。

ただ、部会の事務局はやっぱり法務省が担い、他の部会メンバーの大半は法務・検察や警察の意向を代弁するような連中ばかり。検事総長OBとか警察OBとか御用学者とか、原子力ムラなんかとまったく同じ構図なんですが、そういう連中が議論の方向性を法務・検察や警察に都合のいい方へどんどん誘導していくわけです。このあたりの内実は、周防さんが特別部会での体験を描いた『それでもボクは会議で闘う』（岩波書店、二〇一五年）を出していて参考になります。周防さんや村木さんは苦労したと思うんだけれど、失礼を顧みずに言えば、ガス抜きのような役割をやらされた感じです。

検察不祥事が議論の出発点だったんだから、本来なら、検察や警察捜査の問題点をどう改善するかが議論の焦点になるはずでしょう。証拠改竄なんていう不祥事がなぜ起きたのか。その他、冤罪の温床となっている密室での取り調べの問題点とか、証拠を警察や検察が隠してしまって弁護側がアクセスしにくい問題とか、容疑を否認するとなかなか保釈を受けられない「人質司法」と呼ばれている悪弊とか、そういったことを洗い出し、少しでも改善するのが特別部会の本筋の議論

＊1　現在の民法のもとでは、結婚に際して男性または女性のいずれか一方が、必ず姓を改めなければならないとされているが、夫婦が望む場合には、結婚後も夫婦がそれぞれ結婚前の姓を使用することを認める制度。
2015 年 12 月 16 日、最高裁は夫婦同姓の規定を「合憲」とする判決を下した。しかし女性判事の３人全員が違憲と判断するなど意見が大きく分かれた。

になるはずだった。

でも、特別部会の議論はあらぬ方向へとどんどん歪められていきました。密室での取り調べの悪弊を改善する「取り調べの可視化＝録音・録画」は、さすがに導入されることになったけれど、実施されるのは裁判員裁判の対象となる事件などに限られ、なんと全刑事事件の三パーセントにすぎない。証拠の開示問題も、「証拠リスト」の開示にとどまってしまった。その一方で出てきたのが、盗聴法の大幅強化や司法取引の導入といった、警察や法務・検察にとっては都合のいい〝武器〟の話ばかりです。

特別部会をウォッチしていて啞然としたのは、そういう方向に議論を持っていくときに法務省側がひねり出した理屈です。ごく簡単に言えば、証拠改竄などという不祥事がなぜ起きたかというと、これは捜査員が職務熱心だったからなんだと。最近は人権意識の高まりや弁護士の活動の活発化などでなかなか自白が取れないから、職務熱心のあまり証拠改竄までしてしまったんだと。だからこういう事態をなくすためには、もっと強力な捜査上の武器が必要なんだって。

信じられますか？　僕は愕然としました。こんな屁理屈がまかり通っていいんでしょうか。しかし、特別部会の議論は現実にその方向で進み、結果、盗聴法の大幅強化案などが浮上してきたわけです。泥棒に追い銭というか、焼け太りというか、火事場泥棒というか、あらゆる悪罵を投げつけてもまだ足りない。こんなことが許されてしまうのは、この国の刑事司法制度に対する外部からのチェック機能が著しく脆弱だからです。

森　彼らがいくら外部チェックを排除したとしても、メディアがきちんと機能していたら排除しきれないはずです。

青木　おっしゃるとおりです。

森　行政はもちろん責められるべきだけど、権力サイドは隠したいとの本能があります。だからこそメディアの監視機能が重要なのだけど。

法務・検察組織の持つ特異な権力

青木　責められるべきはメディア、そして、政治です。どうして政治は法務・検察の増長を放置し続けてきたのか、自民党の参院議員会長などを歴任した村上正邦[*1]さんに聞いたことがあるんです。ご存知のとおり、村上さんはかつて「参院のドン」「村上天皇」と呼ばれるほどの政界実力者でしたが、ＫＳＤ事件[*2]で東京地検特捜部に捕まり、以後は在野の立場

＊1　1932年生まれ。1980年～2001年まで自民党参議院議員を務めた。宮沢内閣では労働大臣。2000年10月、KSDの不正経理疑惑が発生。離党して議員を辞職した。2008年3月27日、懲役2年2カ月、追徴金約7288万円の実刑判決が確定。出所後、「日本の司法を考える会」などを開催している。

＊2　財団法人「ケーエスデー中小企業経営者福祉事業団」（現・中小企業災害補償共済福祉財団）の創立者古関忠男が、「ものつくり大学」設置を目指し、数々の政界工作を自由民主党議員に対して展開したとされる汚職事件。村上正邦元労相への総額5000万円の利益供与を筆頭に、関連団体を経由した党費立替・迂回献金など、KSD側から自民党サイドに流れた総額は十数億円に上ると言われた。2000年11月、東京地検特捜部は背任容疑などで古関元理事長らを逮捕。翌2001年1月、村上正邦元労相、小山孝雄元参院議員、村上正邦の政策秘書を逮捕した。

で刑事司法の在り方について勉強会を開いたりして警告を発しています。

その村上さん曰く、なぜ政治が法務・検察や警察、そして刑事司法制度にこれほど無関心なのかといえば、一つには票にならない。また、法務・検察や警察は怖い。どんな政治家だって叩けばホコリの一つや二つ、出てきますからね。特捜検察を抱える検察は恐ろしい。警察もそうです。選挙違反なんかで徹底的にやられたらたまったもんじゃない。結果、法務・検察や警察なんかに逆らわないほうがいいという雰囲気が蔓延してしまう。

村上さんから聞いた話でおもしろいものがありましてね。「青木さん、歴代の法務大臣を見てみろ。総理大臣になったヤツは一人もいない。実力者といえるヤツだって、ほんの一握りしかいない。なぜだかわかるか」って。確かにそうなんです。法務大臣を経験してから首相になった政治家は戦後、一人もいません。実力者と目された法相は後藤田正晴と梶山静六、最近では谷垣禎一くらいでしょう。あとはもうどうしようもないといったら失礼だけど、大物が法務大臣になることはほとんどない。

なぜかというと、村上さんは参院のドンだったからよくわかるらしいんだけど、新内閣が発足する際、利権が多かったり人気のある大臣ポストは、衆院の派閥で最初に分け合っちゃう。派閥の力が弱った最近でも、有力ポストは衆院議員で取り合いになって埋まっちゃう。で、残った二つか三つぐらいのポストが参院に回ってきて、法務大臣は人気がないから最後まで残ることが多くて、それじゃあ当選回数の多いヤツにでもやらせてやるかっていうケースが多いらしい。だから大物法相が少ない。

森　利権的には極めて薄いポジションということですか。

青木　そう。利権も少ないし、権限も少ない。だから小物政治家が法務大臣に就き、法務・検察に対する政治のチェックがほとんど効かなかった。村上さんは、自分も反省すると言っていました。こんな状況になっているのは政治の責任だってね。メディアも反省するべきですよ。法務・検察や警察はメディアの情報源だからタブー化しがちだけど、きちんとチェックしていれば、これほど冤罪事件が続発するような状況にはならなかったでしょう。特に検察批判は長年にわたって完全なるタブーとなっていましたからね。

森　この国のメディアは権力へのチェック機能を果たしていない。これはもう断言できる。ならば独裁的な政治が主流になりつつある現状において、その危険性と弊害はピークに達しています。

青木　ええ。法務・検察組織についてもう少し付け加えれば、他の役所とは違う極めて特異な組織であることも知っておくべきでしょう。

　普通の中央省庁は、国家公務員一種試験にパスしたキャリア官僚が支配し、事務次官が官僚集団のトップに君臨しますよね。でも、司法試験にパスした検察官が組織を牛耳る法務・検察組織の場合、法務省のトップである法務事務次官は、組織全体からいうと一一番目くらいの序列にすぎない。トップは検事総長。次が東京高検検事長。次いで札幌、仙台、名古屋、大阪、広島、高松、福岡の高検検事長と最高検次長検事までの合計一〇人は、いずれも天皇の認証官（任免にあたり天皇の認証が必要とされる官吏）です。天皇の認証官が一〇人もいる役所って、外務省を除けば、法務省ぐらいしかない。外務省は在外公館の大使が天皇の認証官ですからたくさんいるのは当たり前ですが、法務省は突出しています。法務事務次官は出世コースですから、省内の力はそれほど小さくはありませんが、序列的に言えば、天皇の認証官の下です。

その法務省のトップに立つ法務大臣も、他の役所の大臣に比べると権限は限定的です。法務・検察と呼ばれる機関のうち検察庁は法務省に属し、基本的には行政機関にすぎないわけですが、準司法機関としての側面があることから政治からの独立性が法的に保障されていいます。法相は、検察事務について検察官を一般に指揮監督はできますが、個々の事件の取り調べや処分については、検事総長のみを指揮できると定められている。いわゆる指揮権ですが、かつての造船疑獄[*1]の際の指揮権発動によって指揮権自体がタブー化し、事実上は使えなくなっている。もちろん、個々の事件捜査に対して政治があれこれ口を挟むようなことは断じて避けるべきだし、あってはならないことですが、それを大義名分として検察の権力は保護され、外部からのチェックが効きにくい。下世話な話ですが、給与ものすごく多いしね。他の役所とはケタ違いです。

森　役人の給与としては最高額かな。

青木　それに近いですね。検事総長の年収は大臣と同額の約二九〇〇万円。つまり法務大臣と検事総長は同じです。ナンバー2の東京高検検事長は副大臣と同額の約二八〇〇万円。東京以外の高検検事長は約二四〇〇万円。他の役所の事務次官を超える高給取りが法務・検察には一〇人もいる。しかも、全国各地の地検トップの検事正は、全員が事務次官級の年収をもらっている。つまり、他の役所のトップである事務次官と同額かそれ以上の給与を得ているのが法務省には五十人以上もいるんです。他人の財布をあれこれ詮索するのは趣味じゃありませんが、いかに法務・検察という組織が特異で、強大な権限を有しているかの証左の一つであることは間違いないでしょう。

そうした組織に対して、メディアも弱腰でした。たとえば、テレビカメラって傍若無人でしょう。それがメディアの役割という面はあるけれど、どんな取材現場でもテレビと新聞のカメラは押し合いへし合いしながら取材対象にレンズを向ける。でも、意外と知られていませんが、あれだけ傍若無人なメディアのカメラがほとんど入り込めない役所が二つある。検察庁と警視庁です。この二つの役所では、幹部の会見などでもカメラが回った例はほとんどない。

＊1　1953年「外航船舶建造融資利子補給及び国家補償法」の成立、政府出資の計画造船の割り当てをめぐって起こった贈収賄事件。検察庁は当時、与党自由党幹事長であった佐藤栄作を逮捕する方針を決定したが、犬養健法務大臣は重要法案の審議中を理由に指揮権を発動し、佐藤藤佐検事総長に逮捕中止と任意捜査を指示し、直後に法務大臣を辞任した。佐藤検事総長は「指揮権発動で捜査に支障が出た」と、衆議院での証人喚問で証言した。本来は法務大臣がになうべきチェックの仕組みとして考えられていた指揮権が、一部の政治家を救うための手段に利用されてしまったため、制度の政治的正当性が完全に失われてしまい、以後政治が検察に関心を持つことさえもタブー視する状況につながったといわれている。

警視庁の場合、例外の一つが麻原彰晃の逮捕でした。当時の井上幸彦警視総監が警視庁九階にある記者クラブの脇の会見室で会見し、カメラが入りました。それ以前だと、僕が聞いた話では、東アジア反日武装戦線グループの一斉逮捕の際、当時の警視庁幹部が会見してカメラが回っている。それ以外では、どんな事件の容疑者逮捕でも、たとえば捜査一課長が会見しても、カメラが回ったことなんてない。

検察庁はさらに閉鎖的ですよ。どんな大物を捕まえても、検察幹部の会見にカメラが入ったことは一度もないはずです。田中角栄を捕まえても、金丸信を捕まえても、あるいは村木厚子さんだってそうだけど、幹部の会見などでカメラが回ったことはない。あくまでも検察担当記者を相手に「ブリーフ」と称するクローズドな説明会を開くだけで、カメラを回した上での質疑応答などというシーンは一度も記録されていない。

森　記者クラブ加盟社のテレビ局がカメラを回したいと動議すれば、その後の展開は変わったのじゃないかと思うけれど、そういう議論がこれまでなかったということなのかな。

青木　そうなんでしょうね。たとえば地方の県警なら、重大事件で被疑者を逮捕したりすれば、幹部がカメラの前に並んで記者会見するでしょう。「本日、これこれの事件で被疑者を逮捕いたしました」とかいうシーンは、しょっちゅうある。しかし、警視庁ではそんなシーンがほとんどない。検察庁に至っては皆無。それはメディアと当局の力関係がそれだけ圧倒的だということじゃないですか。ちゃんとした会見を開けとか、カメラを回させろとか、そんな要求自体がなかったということだと思います。

メディアに伝統や慣習は必要なのか

青木　僕だって警視庁の記者クラブに在籍したことがありますから同罪です。しかし、重要事件の被疑者逮捕などの際にきちんと会見しろとか、カメラを入れさせろとか、そんな話を記者クラブ内でしたことすらなかった。「これは警視庁のお手柄ですから、ぜひカメラの前で記者会見してください」という言い方だってありえるんだろうけれど、そんな議論もなかった。

森　撮らないというのが大前提になっている。

青木　これも一種の思考停止なんでしょうね。あるいは、前例や慣習に埋没してしまっている。記者クラブの問題になりますが、警視庁の中にある記者クラブは、当たり前だけれど、別に警視庁の広報装置じゃない。警視庁側の取材をする一方、警視庁に捕まった側とか、警視庁に強制捜査を受けた側とかが捜査の不当性を訴える会見を開いたっていい。しかし、そういう会見は警視庁の記者クラブではまったく開かれない。むしろ、裁判所の記者クラブで会見が行われてしまう。

実を言うと、僕が警視庁の記者クラブにいた時代、中核派のメンバーが会見を開きたいと打診してきたことがあったんです。僕は当然、会見させるべきだと思った。それに賛同する記者もいた。だって記者クラブは、あくまでもこちらの自治の範囲内……。

森　ある意味で警察内にありながら治外法権のエリアですからね。

青木　ええ。本来はそのはずなんです。しかし、そのときに警視庁が持ち出してきたのが「庁舎管理権」でした。記者クラブは自治の対象かもしれないが、そこに至るまでの部分は警視庁の庁舎管理権が及んでいて、そんな連中は通すことができないと。結局、会見を開くことはできませんでした。

森　ため息しか出ない……。二〇〇八年に東海テレビが放送したドキュメンタリー「裁判長のお弁当」は見ていますか？

青木　見ました。非常におもしろい作品でした。

森　名古屋地裁の裁判官の日常を撮ったドキュメンタリーです。もちろん裁判所での仕事の様子も撮影されている。このドキュメンタリーを見てメディア関係者の多くが驚嘆した理由は、「撮れるのか」と気づいたからです。ほとんどのメディア関係者は、現役裁判官のドキュメンタリーなど撮れないと頭から思い込んでいた。ところが東海テレビは、あっさりとこの思い込みをひっくりかえした。

この作品のプロデューサーである阿武野勝彦《あぶのかつひこ》は、他にも光市母子殺害事件（五三頁）の弁護団を撮った「光と影」とか、安田好弘[*1]弁護士を被写体にした「死刑弁護人」とか、刑事司法をテーマにたくさんの作品を制作しています。テレビの枠を超えて映画にも進出している。最近では「ヤクザと憲法」とのタイトルで、現役暴力団員たちのドキュメンタリーを発表しています。その視点はとても重要です。テレビ的なタブーをあっさりと侵犯している。これは僕が「A」を撮ったときにも共通するけれど、自分たちで規制して「撮れない」とか「取材できない」などと思い込んでいる領域は、他にもたくさんあるはずです。

青木　そうですね。思考停止をしたり、前例や慣習に埋没している場合じゃない。むしろそれを果敢に突破しようと試み続けるのがメディアの仕事だと肝に銘じます。

それで思い出したんだけど、僕が警視庁の記者クラブにいたとき、こんな出来事がありました。確か日本テレビだったと思うけれど、深夜のバラエティ番組で、警視庁の記者クラブで泊まり勤務をしていて〝お疲れの記者〟を励ますため、プレゼントをしようっていう企画があったんです。水着の上にコートを着ただけのセクシータレントが警視庁クラブの日テレのボックスにやってきて、泊まり勤務中の男性記者に水着姿をちらちら見せながらサービスするっていう企画（笑）。くだらないなぁと思って僕も呆れはしたんだけど、これが警視庁の記者クラブで大問題になっちゃってね。不謹慎だとか、神聖な警視庁クラブでなんてことをするんだとか、そんな批判が記者クラブ内でも巻き起こって、日テレはクラブ内の処分を受けたんじゃなかったかな。

確かにくだらないですよ。くだらないんだけど、別にそこまで目くじらを立て

＊1　1947年生まれ。宮代町母子殺人放火事件（1980年）、オウム真理教事件での麻原彰晃、光市母子殺害事件など多数の死刑囚の弁護人を務めている。

るものなんだろうか、とも思った。バラエティ番組の発想としては、少々不謹慎なこととか、なんだかエラそうにしてたり、神聖視されているものを茶化すのは真骨頂でもある。

森　おそらく土屋敏男さんがプロデュースしていた「進め！電波少年」[*1]じゃないかな。阿武野プロデューサーもそうだけど、組織ではなく一人称単数の自分を主語にしたら、やれないと思い込んでいたことができることに気がついたということでしょう。法規制されているわけじゃないのだから。演芸そのものの機能の一つは権力をおもしろおかしく茶化すことです。ところが最近は不謹慎だとされることが多い。

青木　阿武野さんのドキュメンタリーと比べたら失礼だけど、それほど目くじら立てるほどのものじゃないと僕は思いました。警視庁側もそうだけど、記者クラブ側だって自己を過大に神聖視している。そんな大したものかっていう自省というか、諧謔精神が薄い。

森　だけど、外部からそんなに簡単に警視庁記者クラブに入れたんですか。

青木　警視庁記者クラブに加盟している社の当事者なら、自社のスペース――これをボックスとか呼んでるんですが――にパスを提示して入っていくのは別に難しい話じゃありません。

森　今はそんなことできないんだろうね。

青木　どうなんでしょうね。以前よりははるかに不自由になってるでしょう。
前例や慣習っていう話で言えば、警視庁の記者クラブって、バカげた逸話が山のようにあるんです。たとえば、殺人などの凶悪事件を捜査する刑事部の捜査一課担当は、警視庁の記者クラブで一番の〝花形〟なんですが、その捜査一課には三百人ぐらいの捜査員がいて、対する一課担当の記者は各社三人ぐらい配置している。警視庁記者クラブには大手の新聞、テレビだけで十社以上常駐していますから、三百人の捜査一課に三十人以上の記者がベッタリ張りついて取材しているわけです。抜いた、抜かれたと、熾烈な取材合戦を毎日繰り広げている。

その一課や一課担当は、奇妙なほど「伝統」というか「格式」というか、いわば慣習や前例を重んじる風習があるんです。捜査一課長の定例ブリーフィングというのは毎朝十時とか十一時に行われて、一課長の部屋に各社の記者が集まるんだけど、課長の机の周りには応接用のソファーやパイプ椅子が並べられて、どの社の誰がどこに座るかがすべて決まっているんです。ここは朝日、ここは読売、ここは共同って。

森 それは代々決まっているのですか。

青木 ええ。それまでの慣習などで決まってるようです。課長の席に近いソファーに座るのは有力社の記者。力関係によって、たまに変わることもあるらしい。しかも、ソファに座っていいのは、各社三人ぐらいいる記者のうち最年長者だけ。それ以外の者がソファに座ったり、ある社の指定席に別の社の記者が座ったりすれば、なんだこいつはっていう調子で睨みつけられてしまう。僕らはバカにしてましたが、まるでサル山のサルですよ。

＊1　1992年7月から1998年1月まで、日本テレビ系列で毎週日曜に放送されたテレビ番組。アポなし、突撃、ヒッチハイクなど、臨場感溢れる企画で一世を風靡した。「村山富市の長い眉毛を切ってあげたい！」「アラファト議長とデュエットしたい！」など、政治的な企画も多数。

今も変わっていないんじゃないかな。

そういう昔からの前例や慣習に浸るのって、意外にラクで楽しい面もある。ひょっとすると、メディア側も無意識の中で変えるのを拒んで安穏と浸ってきたのかもしれない。

森　うん。そうかもしれない。

青木　メディア記者だって、一人ひとりを見れば、それほど悪辣でも狡猾でもない。しかし、集団になって前例や慣習に浸ると、どうしようもないほどくだらないことを延々と繰り返してしまう。記者クラブの問題点だって、それなりに意識のある記者ならば、大半は問題点がわかっているのに、いつまで経っても一向に改善されない。組織としては最低最悪の振る舞いに走る法務・検察だって、僕は何人もの検察官を知っているけれど、一人ひとりは極悪人でもなんでもない。むしろ職務熱心な官僚、役人にすぎないんですけどね。

森　それもやっぱり組織と個人の問題なんだと思う。今、青木さんも言ったように、彼らも一人ひとりはまともなのでしょう。でも組織になったときに何かが停止する。あるいは何かが止まらなくなる。その帰結としてありえないことが起きる。かつてのこの国の戦争やオウムの事件も含めて、組織共同体の過ちのほとんどに共通する病理です。言葉にすれば組織への盲目的な従属。あるいは上部構造への過剰な忖度。一極集中に付和雷同。特にこの国の人たちは組織と相性がいいから、この問題が如実に表れます。

4

朝鮮半島、沖縄、日本の敗戦後

北朝鮮を取材することの難しさ

森　ネットでは青木理は、在日であると同時に反日の過激分子で、故国である北朝鮮に何十回も帰っていることになっています。

青木　もうバカバカしくて相手にする気にもなりません。でも、北朝鮮に何度も行っているのは事実だし、ひょっとすれば僕のルーツだって朝鮮半島にあるのかもしれない。だって、今上天皇も言ってるじゃないですか。「私自身としては、桓武天皇の生母が百済《くだら》の武寧王《ぶねいおう》の子孫であると、続日本紀に記されていることに、韓国とのゆかりを感じています」って。たしか二〇〇一年の誕生日に際した会見だったかな。だったら皇室だって「在日」ということになってしまう。

森　二〇〇一年の天皇のその会見については、海外では大きなニュースになったけれど、日本国内のマスメディアのほとんどは大きくは報じませんでした。僕はこれこそ不敬だと思うけれど。そのためなのか天皇は、二〇一〇年の「平城遷都一三〇〇年記念式典」に出席した際にも、天皇家と百済との関わりについて、まったく同様の趣旨を繰り返しています。でもやっぱり日本のメディアは大きくは報じない。だからこそいまだに、日本人は単一民族などの蒙昧を、政治家も含めて多くの人が口にする。事実誤認も甚だしい。何よりも非科学的です。僕だって二十代くらい先祖を遡れば、お里がどこかはわかったものではない。よくネットに「北に帰れ」と書かれるけれど、まあ一理はあるかと思っている。端的に言えばどうでもいいけれど。

青木 ええ。別にどうでもいい。ただ、気に食わない相手に「在日」というレッテルを貼って蔑もうという風潮を僕は絶対に許さない。バカげたレッテル貼りを否定したり反論したりすれば、それが差別を助長させてしまう面だってある。たとえば僕が「在日」と言われて「そうじゃない」と反論したら、在日の人はどう感じるか。中には在日であることを隠している人だっているんです。

森さんもそうだと思うけれど、僕には在日コリアンの友人はたくさんいますし、彼ら、彼女らが傷つくような思いをさせる差別者、レイシストには、全力で抗わなくちゃいけないと思っています。

森 当然です。ところで、実際に北朝鮮には何回くらい行きましたか?

青木 かなり行きましたね。通信社時代を含めれば、合計で二十回ぐらいは行ってるんじゃないでしょうか。僕は九〇年代の後半、会社の命令で韓国に留学して、二〇〇〇年になって社会部から外信部に移るんですが、その頃はしょっちゅう北朝鮮に行きました。

南北首脳会談[*1]が行われたのが二〇〇〇年の六月だったでしょう。韓国の

＊1　2000年6月13日から15日まで韓国の金大中大統領と北朝鮮の金正日総書記が北朝鮮の首都平壌で会談を行い、「6.15南北共同宣言」が発表された。1948年に朝鮮半島が南北を二分して以来、両国の首脳が会すのはこれが初めてであった。この会談をきっかけに、日本やアメリカも国交正常化に乗り出した。

金大中大統領[*1]と北朝鮮の金正日総書記の対面は、評価はさまざまあるにせよ、分断後初めてとなる南北指導者の歴史的な会談でした。以後は韓国にも北朝鮮との対話と雪解けムードが広がり、一方の金正日総書記は外交攻勢をかけはじめるわけです。ロシアを訪問したり、二〇〇〇年の十月にはアメリカのオルブライト国務長官の訪朝を受け入れたり。そして二〇〇二年には、これも史上初となる日朝首脳会談[*2]の開催へとつながっていく。

今もそうですが、盛んな動きを見せた北朝鮮は当時、世界中のメディアにとって大きな取材テーマになっていました。だから訪朝取材できるチャンスがあれば、社はどんどん許可したし、あの頃は北朝鮮側もメディア記者の受け入れに前向きでした。結局、何回くらい行ったかな……。首都・平壌だけじゃなくて、地方都市もあちこち行きましたよ。日本海側の工業都市・咸興《ハムフン》とか、工作船の拠点とされている清津《チョンジン》とか、金正日の母親の故郷・会寧《フェリョン》とか、韓国との軍事境界線に近い開城《ケソン》とか。経済特区とされた羅先《ラソン》にも行きました。こんなに北朝鮮の地方都市を回った記者は、ひょっとすると僕くらいかもしれません。

森　その後に韓国には問題なく戻れたのですか。

青木　まったく問題ありません。当時は金大中政権で、その後は金大中政権の南北対話路線を踏襲した盧武鉉[*3]政権でしたから。だいたい、北京から空路で平壌入りすれば、パスポート上に訪朝の痕跡は残らない。北朝鮮側は出入国のスタンプなんて押しませんから、北京の出入国の判子が押されるだけでどこに行ったかわからない。まあ、仮にわかったとしても、韓国入国に何の支障もありませんでした。

森　日本から北京経由で行く場合と同じですね。最後に行ったのは？

青木　最後に行ったのは……、二〇一四年ですかね。森さんも行ったでしょう。その少し前、よど号[*4]の連中が受け入れ元になって、救援連絡センターの山中幸男さんたちのお膳立てで訪朝したのが最後です。

森　ルートは僕も同じです。ジャーナリストとか映画監督という名前を出しちゃうと入れない。メディア関係には、北朝鮮は厳しいですね。鈴木邦男さんが最初は入れなかった。

青木　以前はそうでもなかったんですが、最近は特にその傾向が強まっているようですね。鈴木さんなんて、いまの日本では最もリベラルな言論人なのに、「右翼」のレッテルを貼って、ずいぶん長いあいだ、入国が拒否されたらしい。鳥越俊太郎さんも一度断られたらしいし、僕も最近はダメです。北朝鮮の国内事情や国際情勢によっても変わるし、要は硬直したお役所、官僚国家なんです。

先ほども言ったとおり、僕が北朝鮮に集中的に行っていたのは、共同の外信部にいた頃でした。社も積極的に取材しろという方針だったし、北朝鮮側も

＊1　1925～2009年。1998～2003年まで韓国大統領。韓国の民主化に取り組み、2000年には南北首脳会談を実現。ノーベル平和賞を受賞した。

＊2　2002年9月17日、平壌の百花園招待所で小泉純一郎首相と金正日総書記が会談を行った。両者は「日朝平壌宣言」に署名し、2004年5月には2回目の首脳会談が開かれ、拉致被害者の5人が帰国した。

＊3　1946～2009年。2003～08年まで韓国大統領。

＊4　1970年3月31日に共産主義者同盟赤軍派が起こした日本航空便（愛称：よど号）ハイジャック事件。メンバーは北朝鮮へ向かうよう要求し、そのまま亡命した。

メディア記者を比較的受け入れた。情勢が変わったのは日朝首脳会談を契機として拉致問題がクローズアップされ、日本国内で北朝鮮バッシングのムードが拡散してからです。アメリカでも二〇〇一年にブッシュ政権が発足して、北朝鮮を「悪の枢軸」と名指しした[*1]上、北朝鮮による核開発問題が問題化した。対する北朝鮮側もガードを堅くしちゃって、今の状況につながっていくわけですが、その前の段階ではそんなことなかったんです。

森　拉致問題以降も共同通信は平壌に支局を置いていますね。つまり関係性は継続しているわけですか。

青木　僕が何度も訪朝取材したことと、平壌支局の開設は関係ありません。共同が平壌に支局をつくったのは二〇〇六年九月のことで、この時点で僕はもう社を辞めていますから。その後、共同と北朝鮮当局のあいだでどのような交渉があったのかは知りませんし、一部では「北朝鮮を利する」「反日通信社」なんていうバッシングもありましたが、メディアとしてあらゆる場所に取材拠点をつくろうとするのは当然のことでしょう。僕だってもし平壌支局に駐在できるなら、社を辞めないで行ってみたかったなぁと思うくらいです。でも、北朝鮮に取材で入ると、本当に憂鬱になっちゃいますからね。嫌になってしまう。

森　飛行機やホテルの料金も高いし、気候や風土も日本とほとんど変わらない。その意味での面白味は確かにないですね。街には人民服と軍服ばかりだし、ちょっと一人で歩いていると警察官やら兵士やらに、外国人が一人で何やっているのだといちゃもんつけられるし。

青木　いや、取材対象としておもしろいことはもちろんおもしろいんだけど、完全なる独裁国家、超統制国家ですから、見たいものが見られない。取材したいことが取材できない。案内人が二四時間態勢でぴったりついてくるから、自由に外出することすらできない。一般市民に話を聞くのも難しい。しかも、かろうじて取材できたことだって、それをそのまま書くとも容易じゃない。そんな日々が続くと、息が詰まっちゃうんです。

森　青木さんのガイドについたことがあるという人にも会いました。日本に帰ってから不都合なことをいろいろ喋ってくれましたと愚痴を言っていた。

青木　そう、それもつらい。僕は、北朝鮮をひたすらバッシングするような愚劣な報道に与するつもりなんて微塵もないけれど、北朝鮮を訪れたからには、かろうじて見て、聞いて、感じたことを書きたい。それが僕の仕事ですから。なのに、下手なことを書くと被取材者や協力者や案内人に迷惑をかける。場合によっては、生命に関わることだってあるかもしれない。僕が意に沿わぬことを書けば、案内人やガイドの責任にされることだってあるでしょう。それを思うと、書きたくても書けないことだって出てくる。そんな取材を繰り返していると、心底嫌になってくるんです。

これは『ルポ　拉致と人々』（岩波書店、二〇一一年）で書いたんだけれど、ある訪朝取材の際、とても印象に残るというか、後味の悪い出来事がありまし

＊1　2000年の大統領選挙で当選し、2001～09年まで続いた政権。前任のクリントン政権が進めてきた北朝鮮に対する宥和政策から一転、「悪の枢軸」と名指しするなど強硬な姿勢をとった。

た。案内人がインテリで、しかも物わかりのいいヤツで話が通じそうだったから、酒席の場や食事の場なんかで、僕がいろいろ議論を吹っかけたんです。「なぜこんなことも取材させないのか」とか「隠すようなことじゃないだろう」とか「こんなに閉鎖的なのはおかしいじゃないか」からはじまって、果ては「この国の体制はおかしくないか」とか「あなたは疑問に思わないのか」……ってね。

いくら議論を吹っかけても、当たり前ですが、案内人は公式答弁を外れませんでした。ところが滞在最後の日、「青木さん、少し外を散歩しませんか」と言ってきたんです。多少の不安を覚えながら、僕は応じました。貴重品を入れたカバンを肩に下げて一緒に外に出たんです。「残念ながら我が国にも不届き者はいますから、貴重品は常に身につけていてください」と言ったのは案内人だったので、その忠告を守ってね……。

そうしたら、他愛のない会話の後、案内人が言ったんです。「青木さん、今回はいろいろお話ができて勉強になりました。きちんとした答えを返せなくて失望させたかもしれませんが、最後に一つだけ、伝えておきたいことがあります」って。何かと思ったら、僕のカバンを指差しながら「青木さんが肩から下げているものはなんですか」って言う。怪訝に思って「カバンだけど……」と返したら、案内人は「青木さんがカバンに見えるものは、私にもカバンに見えるんです。私に今、申し上げられるのはそれだけです」って。外に連れ出してそんなことを言ったのは、おそらく室内では盗聴の懸念もあったからでしょう。

森　……いい話です。

青木　いや、僕は激しく恥じ入りました。彼ら、彼女らも喘いでいる。超統制国家の内側で、おそらくは僕らが考えている以上に煩悶している。そんな当たり前のことを考えず、軽薄な議論を無神経に吹っかけたことに、僕は自分の軽薄さが心底イヤになりました。

森　もちろん。特に案内役などのポジションにいる人なら、いろいろ情報も入ってくるだろうから、内心は多面的な見方をしていると思います。一人ひとりの人は日本も北朝鮮も変わらない。

青木　ええ。その想像力を忘れてはいけない。北朝鮮という国を眺めるときに、誰もがその当たり前のことを頭に置いておかねばならないと思います。

拉致問題は日朝関係を変えたか

森　僕の父親は海上保安官でした。僕が子どもの頃には石川や新潟、富山などの赴任が多かった。日朝首脳会談で拉致問題がクローズアップされるようになってから、一回だけ当時のことを親父が言ったのを覚えている。あの頃（一九七〇～八〇年代）、北朝鮮が日本人を拉致しているとの噂はよく耳にしたけれど、それを口外してはいけないというような雰囲気は確かにあったって。

拉致問題を考えるとき、どうしてもわからないことがある。目的です。なぜ北朝鮮は日本人を拉致したのか。相当なリスクがあるわけです。万が一日本の警察に工作員が検挙されたら、とても困ったことになる。日本語の教育のために拉致したと多くの報道は解説しているけれど、帰還事業[*1]で日本から行った人はたくさんいます。わざわざ拉致しなければならない理由がわからない。金正日が言った「特殊機関の一部の盲動主義者たちが英雄主義に突っ走って」云々あたりが真相なのではという気がしないでもないですけどね。

青木　拉致は確かに許されざる国家的な犯罪行為ではありますが、もうちょっとあの前後の時代状況を俯瞰してみると、六〇年代から七〇年代の初めくらいにかけては、東西の冷戦対立が最も激しい時代で、休戦状態にすぎない南北朝鮮はなお一層激しい緊張関係にありました。六八年には北朝鮮の工作員が韓国に潜入し、青瓦台（大統領府）襲撃を謀るという事件なども引き起こしていますが、こうしたことをしていたのは別に北朝鮮側ばかりではなかった。韓国側も盛んに潜入工作やテロ工作をしていたんです。いわゆる「北派工作」というやつです。

これについては僕も詳しく取材して『北朝鮮に潜入せよ』（講談社現代新書）というルポを書きましたが、北の工作員は徹底的な訓練を受けて韓国に潜入し、いろいろな工作に成功して帰ると英雄として扱われたようです。ところが韓国の北派工作員は悲惨な境遇を強いられました。治安機関の国家安全企画部などが貧困に喘ぐ若者たちを拉致するようにスカウトし、徹底的な訓練を施した上で北朝鮮に特攻潜入させ、使い捨てる。拉致をしたり、謀略や爆破工作をしたり……。そういうことを韓国も盛んにやっていた。

森　北派工作員が訓練されていた島から逃亡して、青瓦台に行くためにバスジャックして自爆するという実際の出来事を描いた「実尾島《シルミド》」＊2という韓国映画がありました。

青木　ええ。そうした北派工作員の実態は、韓国が民主化され、ようやく存在が明るみに出てきたんです。つまり、南も北も「なんでもあり」の仁義なき準戦時だった。その延長線上の敵として日本もいた。まして、かつて朝鮮半島を植民地支配した憎悪の対象です。そして青瓦台襲撃事件などの後は韓国への潜入が難しくなる中、日本を通じた工作活動を狙い、日本人を装った潜入や工作活動のために日本人を拉致した……というのが日本の警察当局の基本的な見立てです。

森　パスポートが目的だったとの説もある。でも拉致した当人に家に取りに行かせたり申請させたりできるはずがない。

青木　旅券というより、日本の習慣や語学の教育、場合によっては当該の日本人になりすます〝背乗り〟という工作のためだったと日本の警察は見ています。実際、大韓航空機爆破事件＊3などはその実例だったといえるわけですが、それも含め、突き詰めれば

＊1　1950年代から1984年にかけて行われた在日朝鮮人とその家族の北朝鮮への集団的な永住帰国あるいは移住。9万人以上が北朝鮮に渡った。

＊2　2003年の韓国映画。康祐碩（カン・ウソク）監督。1971年に韓国政府が極秘に進めた、朝鮮民主主義人民共和国の金日成暗殺計画と、それにかかわった韓国の北派工作員部隊の実話を基にした映画。

＊3　1987年11月29日に、イラク・バグダード発韓国ソウル金浦国際空港行きの大韓航空が経由地バンコク手前で爆破された事件。乗客・乗員115人全員が死亡した。実行犯の金賢姫と金勝一は北朝鮮工作員で、偽造した日本人パスポートを使い日本人に成り済まして活動していた。

「なんでもあり」の仁義なき闘いの末に起きたというのが正確なところでしょう。金正日が言った「特殊機関の一部が英雄主義に走った」というのは、まんざらウソではないと思います。金正日がどこまで把握していたのかはともかく、権力の周辺部や直下の連中が忠誠合戦に走って暴走を加速させるのは、独裁性の高い集団や国家の大きな特徴ですから。

他方、日本では、警察などがかなり早い段階から拉致事案を把握していました。たとえば警察庁警備局には、外事部門が統括する「ヤマ」という極秘組織があって、全国に拠点施設を置いて共産圏などの無線通信を傍受してきました。その「ヤマ」が拉致事件のあった当時、北朝鮮絡みの不審な電波を捕捉していたんです。横田めぐみさんのケースもそうだったらしい。つまり、拉致事件の発生を警察はうすうす知っていた。

では、なぜ日朝首脳会談まで大きな問題にならなかったかといえば、北朝鮮がいろいろな意味で厄介というか、タブー的な存在になっていたことは否めない。メディアもそうだったけれど、政界も警察も同じような状況だった。先の大戦に関する朝鮮半島への贖罪意識も影響しただろうし、外交的な面での配慮もあったでしょう。

森　日本の国内的事情についてはなんとなくわかります。あってはならないことだけど。

青木　ところが、そういう状況が二〇〇二年九月の日朝首脳会談で一挙に変わったわけです。変わったこと自体は別に悪いことじゃないかもしれないけれど、従来のタブーが決壊したら、今度は逆の意味でなんでもありの状況になり、北朝鮮をひたすらバッシングしたり、蔑んだり、在日朝鮮人にまで心ない攻撃が及んだりする事態が現出しました。しかも、妙に勇ましい対外強硬論が溢れかえるような状況になってしまった。

ある人が言っていたんですが、朝鮮半島との関係において日本は戦後ずっと「加害者」の立場で謝罪と反省を迫られ、それはそれで当然のことなんだけれども、拉致問題で初めて「被害者」の立場になったというんですね。それが鬱屈を爆発させる引き金になり、潜在していた差別意識なども混じり合って、なんでもありの状況になってしまったんじゃないかという話だったんですが、確かにそうなのかもしれません。

振り返ってみれば、安倍政権が成立するきっかけとなったのも拉致問題でした。今の嫌韓・嫌中ムードやナショナリズムの高揚も、日朝首脳会談などが大きな跳躍台になっている。つまり日朝首脳会談というのは、日本が主体的に積極外交を展開したという点で意義深いものだったと思うけれど、戦後日本の歴史と社会を大きく変質させる分水嶺にもなった面があったのだと思います。

拉致問題のタブーとメディア

青木　拉致問題について言うと、拉致被害者や被害者家族の方々の心痛は想像にあまりあるし、十分な配慮は必要だけれど、ここでもやはり「被害者感情」というものに押しつぶされ、思考停止状況が生まれたのは否めません。北朝鮮という一種のタブーが決壊し、なんでもありのバッシングがはじまる一方、今度は拉致被害者やその支援者が聖域化し、批判を許さないタブー的存在になってしまった。実際、北朝鮮との交渉が必要だと訴えれば「弱腰」「軟弱」と罵られ、メディアが訪朝取材などで北朝鮮側の言い分や主張を伝えると「利敵行為だ」と叩かれる。異常だったと思います。

森　最初に蓮池薫《はすいけかおる》さんや曽我ひとみさんたちが帰ってきたときに、メディアが盛んに注視したのは彼らの背広の胸元でした。金日成のバッチをつけているか否か。つけていれば洗脳されているとみなす。テレビを見ながら、これもオウムの後遺症だと気がつきました。洗脳やマインドコントロールなどの言葉が、オウム以降はとても安易に使われるようになった。なぜなら便利だからです。自分たちとは異質な人たちであると強調するワードとして。

彼らが小泉純一郎首相と一緒に帰国したとき、日本政府は彼らを北朝鮮に返すと約束していた。でも結局はそれを反故にした。もちろんまずは拉致という犯罪行為があるけれど、ここで日本政府は約束を破っているわけで、それは忘れてはいけないと思う。その後に遺族や被害者は聖域化します。たとえば二〇〇三年、『週刊朝日』が一部の拉致被害者のインタビューを掲載したとき、掲載しないという約束だったと抗議されて大騒ぎになりました。最終的に編集長は降板して副編集長は違う部署に飛ばされて、謝罪文も一ページ載せています。とても過剰な対応です。なぜここまでするのだろうと思って副編集長に連絡したら、「〝虎の尾〟

を踏みました」との言葉が返ってきました。この場合の「虎」は何か。通常の取材スタイルがなぜ批判されるのか。「虎」はなぜ生まれたのか。本当ならそれを考えなくてはいけない。

そもそも最初に五人の拉致被害者が帰ってきたとき、メディアスクラムはいけないから被害者への取材のルールを決めようとの声が、メディア内部でいきなり提起されました。

メディアの一極集中的な取材が、あまりに常軌を逸していることは確かです。これを自覚して是正することは悪いことじゃない。でもあのときは、なぜかいきなり、とってつけたように自主規制的な雰囲気が強くなった。「救う会」（北朝鮮に拉致された日本人を救出するための全国会議）からの強硬な申し入れが背景にあったようです。要するにこの段階からすでに、メディアはある意味で牛耳られていた。そしてこれ以降、ずっと自粛状態が続いています。

つまり拉致問題の聖域化です。「虎の尾」にしてしまった責任の八割は、メディアにあると僕は考えます。

青木　そうですね。バッシングは確かに強烈でしたが、これに萎縮し、報じるべきを報じなくなることが状況をスパイラル的に悪化させる。そういえば、平壌に残っていた拉致被害者の家族にインタビューをしたメディアが「北朝鮮に利する」という理屈で「救う会」などに猛批判されましたが、当時はソウルに駐在していた僕も、その取材に関わったことがあります。日朝首脳会談から一年ちょっと過ぎたくらいだったかな、共同通信やＴＢＳなどの一部日本メディアが北朝鮮側から訪朝取材を許されたんです。

拉致問題ですから、共同の場合、取材の中心は社会部だったんですが、朝鮮語ができるヤツが必要だろうということで、僕もサポート役としてソウル支局から北京経由で北朝鮮に入りました。曽我ひとみさんの夫のジェンキンスさんや娘さんたちにインタビューできるということだったんですが、取材班はバッシングに怯えてびくびくしていました。メディアとして当たり前のことがなかなかできず、萎縮ムードが広がるというのはこういうことかと思ったんです。

森　まさしく今のＩＳについての報道と構造は同じです。ペルー大使公邸事件やオウムも。日本のメディアは同じことをずっと繰り返している。

青木　かもしれません。あのとき、北朝鮮側から「横田めぐみさんの娘にもインタビューできる」と打診されたんです。当時、ソウルにいて日本の状況を実感として知らない僕はどこか能天気だったから、インタビューできるというのならするのが当然でしょうと言った。確かに北朝鮮側の思惑はあるだろうし、未成年の女の子がそれに沿う形で発言させられる恐れもあるけれど、それは原稿の中できちんと言及すればいい。とにかく焦点の人物に直接インタビューできる機会を逃す必要はないと思ったんですが、一緒に平壌入りした社会部の記者たちはそうじゃなかった。東京の本社に連絡して、「どうしようか」と頭を悩ませていました。

それだけでなくて、一緒に平壌入りしたＴＢＳなどライバルメディアの動向にも神経を尖らせていた。たとえば、共同がインタビューを見送った場合、他社はどうするのか。もし他社だけに独占されたら、これも困る。かといって、他社が見送る中、共同だけがインタビューしてバッシング対象にされても困る。本当にバカバカしい話だけれど、そういう異常な雰囲気の理由が僕にはわからなかった。インタビューできるならする。その背後事情については、原稿の中できちんと言及すればいい。もしインタビューをしないとしても、それはあくまでもメディア側の主体的判断でなければならない。そんなごく普通のことができない。まさに萎縮現象の典型例でした。

いかにして「悪の枢軸」は生まれたのか

森　日朝首脳会談が戦後日本の歴史で大きな分水嶺になり、今の安全保障の問題にもつながるという青木さんの指摘はそのとおりです。安倍首相は拉致問題で大きく支持を集め、この国のトップとなった現在は、北朝鮮の脅威を理由に挙げながら日本の安全保障法制を変えようとしている。さらに僕の場合はどうしてもオウムに言及したくなるのだけど、この原点には、九五年の地下鉄サリン事件によってギアが入った集団化の力学が働いていています。

集団化については、アメリカ同時多発テロ[*1]以降のアメリカを例に

＊1　2001年9月11日にアメリカ合衆国内で同時多発的に発生したテロ事件。ニュージャージー州ニューアークを発った4機の旅客機がハイジャックされ、うち2機がニューヨークにあるツインタワー世界貿易センタービル、1機がバージニア州アーリントンにあるアメリカ国防総省本庁舎（ペンタゴン）に激突、1機はペンシルヴェニア州で墜落した。これをきっかけにアメリカはイラク戦争に突き進んだ。

挙げれば一番わかりやすい。突然の暴力に脅えたアメリカは一気に集団化を進めて、まずは愛国者法[*1]をつくって異物を排除します。集団は全員で同じ動きをしようとします。同調圧力が強くなる。このときに同じ動きをしないものは集団に帰属しきれない異物となる。同時に集団は強い指導者を求める。なぜなら号令が欲しくなるからです。「敵か味方」や「正義か邪悪」など力強くて短いワードしか使えないブッシュ大統領は、まさしく集団化したアメリカにふさわしい指導者でした。支持率も一気に上昇します。次に集団は敵を探します。なぜなら敵を発見すれば、自分たちはさらに連帯できるからです。こうしてアメリカはアフガンとイラクに侵攻し、その帰結としてＩＳが誕生します。

同時期の日本の政治指導者は、やはり「敵か味方か」とか「郵政民営化是か非か」など単純なダイコトミー（二分法）を駆使する小泉純一郎でした。彼はブッシュのイラク侵攻をテロへの戦いとして強く支持します。その小泉が主導して日朝首脳会談が実現し、そこでオウムによって集団化を加速させていた日本は敵を見つけることができた。しかも今度はこっちが被害者で、拉致されたという大義もある。

僕は蓮池透[*2]さんに何度か話を聞いているけど、かつては「家族会」の事務局長でスポークスマン的なポジションにいた彼は、「家族会」（北朝鮮による拉致被害者家族連絡会）と「救う会」のプレゼンスに疑問を投げかけて、結局は「家族会」からパージされた。「救う会」などは完全に、拉致問題を利用して北朝鮮を打倒しようという論理です。北朝鮮が倒れれば、拉致問題はどうなってもいい。逆に言うと、北朝鮮があるうちは、拉致問題がなくなっては困るんです。日本は戦後、加害国と言われ続けてきた中で、拉致問題は日本が被害国です。右派の政治家は、これを終わらせたくない。いつまでも被害国という言い訳みたいなカードを温存していたいのかもしれない。蓮池透さんは最近『拉致被害者たちを見殺しにした安倍晋三と冷血な面々』（講談社、二〇一五年十二月）という、強烈なタイトルの本を刊行しました。小泉首相と一緒に二〇〇二年に訪朝した安倍官房副長官（当時）は、帰国後に「北朝鮮側、金正日総書記から拉致問題について謝罪と経緯の報告がなければ、日朝平壌宣言にサインをせず、席を立って帰るべきだと自分が（小泉首相に）進言した」と喧伝したけれど、それはまったく事実無根だと、蓮池透さんはこの本で断言しています。あるいは、一時帰国した拉致被害者たちを北朝鮮に戻らないように説得したのは自分であるということも。その部分を引用します。「あえて強調したい。安倍、中山（恭子、拉致被害者・家族担当、内閣官房参与）両氏は、弟たちを一度たりとも止めようとしなかった。止めたのは私なのだ」「安倍首相は拉致被害者の帰国後、むしろ一貫して、彼らを北朝鮮に戻すことを既定

＊1　同時多発テロ事件を受けてブッシュ政権が成立させた法律。電話・メール・私信などの傍受に加え盗聴が認められ、政府が求めた場合は病院のカルテや図書館の貸し出し記録の提出を義務づけるなど国家による監視が大幅に拡大した。また、この法律により個人情報を一元化しデータベース化が著しく進められた。

＊2　1955年生まれ。1978年に北朝鮮に拉致された蓮池薫さん（2002年帰国）の実兄。北朝鮮による拉致被害者家族連絡会（「家族会」）事務局長を務めた。『拉致被害者たちを見殺しにした安倍晋三と冷血な面々』出版の記者会見では、「（安倍さんは）拉致問題を踏み台にして総理大臣になったということですけれども、であるならば、この問題についてしっかりと対応すべきではないのか」と拉致問題への対応を痛烈に批判した。

路線として主張していた。弟を筆頭に拉致被害者たちが北朝鮮に戻ることを拒むようになったのを見て、まさにその流れに乗ったのだ。そうして自分の政治的パワーを増大させようとしたとしか思えない」。

まあほぼ知ってはいたことではあるけれど、蓮池透さんのこの視点は、今のこの国ありかたに、とても重要な補助線を提供します。

青木　ええ。その本では、僕も蓮池透さんと対談しました。蓮池透さんの主張や証言は大切なものばかりだし、対談で蓮池透さんに申し上げたんですが、僕は日朝首脳会談そのものはかなり評価しているんです。

森　もちろん首脳会談自体は僕も評価します。でもその後が続かない。というか仮想敵国として北朝鮮が利用される契機になってしまった。

青木　日本の状況は悪化の一途をたどりましたが、ソウルにいて関係国の動向を俯瞰的に取材していた僕からすると、国際政治や歴史というのは皮肉というか、なんともうまくいかないものだなぁと実感しました。

南北首脳会談が実現したのは二〇〇〇年六月でした。当たり前のことですが、南北双方の思惑がそれぞれにあったわけです。金大中の思惑も、金正日の思惑もあった。ただ、半世紀も民族の分断が続き、冷戦終結後も世界で唯一、冷戦構造が残存してしまった朝鮮半島において、南北の指導者が初めて直接対話に乗り出し、南北共同宣言を謳い上げたのは歴史的なことでした。韓国人は熱烈に歓迎し、一時は北朝鮮ブーム現象まで起きたほどです。これに続いて米朝の対話もあり、その延長線上に日朝首脳会談もあった。

金大中という政治家にはさまざまな評価はありますが、僕は大した政治家だったと今も思います。単なる平和主義者でもないし、マキャベリストな面もあったけれど、大きな絵図を描きながら行動していた。ノーベル平和賞受賞について日本では誤解も多いんですが、彼の受賞理由は南北首脳会談の実現にあったと思われているでしょう。でも、実は隣国との関係改善、つまり日韓関係の改善も授賞理由に挙げられているんです。日本通でもある金大中は大統領在任中、対日関係の改善にも力を注いだ。九八年に当時の小渕恵三首相と会談して発表した「日韓パートナーシップ宣言」は、僕も会談を現場で取材していましたが、両国が今後も大事にすべき精神が謳い上げられた格調の高いものです。その後、日本の大衆文化解禁にも踏み切り、その土台の上に二〇〇二年のサッカーワールドカップの共催もあったし、日本でのいわゆる韓流ブームがあった。

また、南北首脳会談の際も、それ以後も、金大中は金正日に対して対日関係の改善を促した。一方で日韓関係も良好化させた。だからこそ日朝首脳会談が実現した面があった。

森　確かに金大中政権ができて、南北首脳会談が実現したことのインパクトは、日本でも大きかったですね。マスコミも歓迎する扱いが多かった気がするけど、それも日朝首脳会談まででした。

青木　日朝首脳会談が実現し、金正日が日本人拉致を認めた。そのインパクトは強烈でしたが、決して十分と言えないとはいえ、拉致問題に大きなブレイクスルーをもたらしたのは事実なわけです。その背景に南北対話の進展と、日韓関係の改善があったことは見逃してはならない。これは金大中の功績です。

他方、現在はいったいどうか。韓国や中国との関係を悪化させておいて、北朝鮮に圧力さえかけていけば拉致問題が前進するかのような現政権の態度は、むしろ問題を膠着化させるだけだということは強調しておかねばなりません。事実、膠着しています。

ただ残念なことに、日朝首脳会談を契機として日本国内では、政界でも、メディア界でも、「反北朝鮮」「反金正日」のアジテーターのような連中がヘゲモニーを握るような状態が出現してしまいました。また、それよりも大きな影響があったのは、実を言うとアメリカの存在とその動向でした。二〇〇一年一月にブッシュ政権が発足し、日朝首脳会談から間もなく、当時のアメリカの国務次官補らが北朝鮮を訪問します。そこで北朝鮮が濃縮ウランによる核開発を行っていることが表面化し、北朝鮮をめぐる情勢は一挙に緊迫していきます。先ほども申し上げたとおり、ブッシュ政権は北朝鮮を「悪の枢軸」呼ばわりして、北朝鮮との対話ムードに急激なブレーキがかかった。韓国では盧武鉉政権が金大中路線を引き継ぎますが、対話路線はすっかり孤立化してしまいます。

歴史や国際政治に「たら・れば」なんて意味はないことは承知していますが、あのときもし、もう少しクリントン政権が続いていたらどうなったか。あるいは、ブッシュではなく民主党のゴアが大統領になっていたらどうなったか。あの時期の金正日は、僕たちが言うような改革・開放を目指していたかどうかはともかく、明らかに対外交渉への強い意欲を抱いていたし、東アジアの状況は、今と異なるものになっていたかもしれない。だから思うんです。なんとも皮肉だなと。

森　あるいはブッシュ政権だとしても、9・11がなければ、違う選択肢になっていたと思う。やはりつくづく思うけれど、為政者とメディアは戦争と相性がいい。

青木　そういう面はあるんでしょうね。いずれにせよ日朝首脳会談は日本国内に重大な変化をもたらした。一種の被害者ナショナリズムというか、鬱屈していた悪意が一斉に噴き出したというべきか、あえて言えば、北朝鮮という〝格好の敵〟を叩いて歪んだ恍惚感に浸るというようなムードが蔓延した。それをバネにして安倍晋三が政界をのし上がっていくことにもつながったんです。

森　それが今に至っているというのは、確かにそのとおりですね。安保法制に関する安倍の声明は、「アルジェリア、シリア、そしてチュニジアで日本人がテロの犠牲となりました」「北朝鮮の数百発もの弾道ミサイルは日本の大半を射程に入れている」「自衛隊機のスクランブルの回数が一〇年前と比べて実に七倍に増えています」などと実例を挙げながら、「私たちはこの厳しい現実から目をそむけることはできません」と断定しています。要するに日本を包囲する安全保障環境が大きく悪化したから安全保障法制を変えることは当然だというレトリックです。その後の国会審議でも、「北朝鮮は東京を火の海にするなどと言っています」と何度も発言しています。まさしく蓮池透さんが指摘するように、北朝鮮の脅威を煽っています。

まずは火の海になどなりません。通常火薬を搭載した弾道ミサイルにはそれほどの破壊力はない。「火の海にする」は北朝鮮の常套句だけど、もっぱらこれを言われている韓国は、脅し文句とわかっているから動じない。ところがこれを横で聞いた日本が浮き足立つ。

テロの定義とは、暴力行為によって不安や恐怖を与えることで政治目的を達成することです。ならば安全保障関連や憲法など国の形を大きく変えようとしている今の日本は、まさしく「(暴力行為の欠けた)テロに屈しかけている」ことになります。つまり安全保障環境が大きく変わったとのアリバイに使われている。そもそも弾道ミサイルについては、個別的自衛権で対応できます。集団的自衛権を持ち出す理由はどこにもない。

安倍首相がスクランブルの回数が七倍に増えたとする二〇〇四年は、戦後最もスクランブルが少なかった年なんです。確かに今は増えたけれど、旧ソ連の核ミサイル(SS－20)が日本の米軍基地に照準を定めていたとされている冷戦期は、今よりももっと多かった。つまりもっと国際関係は緊張していました。でも日本の安全保障体制は変わらなかった。変えなければいけないと主張する人もほとんどいなかった。その帰結として現在の繁栄と平和があります。そもそも冷戦期以降はずっと緩やかに減少し続けていたスクランブルが急増したのは二〇一三年です。つまり第二次安倍政権発足以降。マッチポンプ以外の何ものでもない。

死刑の議論のときに話したけれど、日本の体感治安はオウム以降急激に悪化しました。実際には日本の治安のよさは世界有数なのに、事件を過剰に煽るメディアによって、不安と恐怖は強まるばかりです。この体感治安の悪化が、結局は国外に溢れ出している。つまり日本をとりまく安全保障環境が大きく悪化しているとの妄想です。政権はこれを利用する。なぜなら外敵を掲げれば支持率は上昇しますから。同時多発テロ以降のブッシュ政権が典型です。敵が怖くて仕方がない。集団化によって国外の敵を可視化したいとの欲望も強く働いています。こうして大義を捏造して仮想敵を無理矢理に叩く。その帰結としてテロは世界に飛び火して、「イスラム国」も誕生した。絶対に忘れてはいけないことは、日本はテロとの戦いを宣言したアメリカを強く支持した数少ない国の一つだということです。その理由は北朝鮮の脅威でした。そして今も、中国と北朝鮮の脅威を理由に安全保障法制が強引に可決された。まったく歴史に学んでいない。同じことを繰り返している。

東アジアにおける日本の優越感と劣等感

青木　近年の日本国内のムードがどうしてこうなったかを捉えるためには、国際情勢の変化にも注意を払う必要があると思います。二〇一四年、いわゆる慰安婦問題の報道をめぐって朝日新聞に異様なバッシングが襲いかかりましたよね。この件については朝日の現役幹部やOBたちといろいろな形で話をしたのですが、九〇年代の前半まで、朝日以外の新聞なども慰安婦問題は報道していたんです。社によって多少濃淡があり、中でも朝日が最も熱心だったのは間違いありませんが、当時のメディア状況を振り返れば、戦前・戦中の日本の暗部を取材で掘り起こし、積極的に伝えていくなんていうのは、ごく当たり前というか、普通の行為でした。

それが最近はすっかり変わってしまった。誤報が批判されるのは当然ですが、そうしたことを粘り強く取材、報道すれば、「反日」だとか「国賊」だとか「売国」などという罵声が投げつけられ、「国益を損ねる」などという非難を浴びかねない。どうしてこういう状況になったのかと言えば、森さんが言うように九五年のオウム事件も影響しただろうし、二〇〇一年の日朝首脳会談も分岐点となったけれど、九〇年代の前半と現在の大きな違いは、中国の台頭です。いわゆる中国脅威論などではなく、中国の台頭は日本国内のムードにも明らかな影響を及ぼしている。

九〇年代までは、それがいいことなのか悪いことなのかはともかく、日本はアジアのリーダーというか、少なくとも経済的には圧倒的な優位に立っていました。「世界第二位の経済大国」などともてはやされ、うぬぼれ、ある意味では余裕があった。ところが中国が急速な経済発展を遂げ、個人レベルではともかく、国レベルでは「世界第二位の経済大国」の座は中国に奪われました。韓国だって一九九六年にOECD（経済協力開発機構）に加盟し、二〇〇〇年前後には先進国のレベルになった。クソのような嫌韓論者はあれこれ難癖をつけているけれど、スマートフォンや自動車といった産業分野では、日本を凌ぐか、脅かす存在になっているのは間違いありません。

つまり、かつてあった余裕みたいなものがなくなってしまった。かつての加害国である日本が、被害国である中国や韓国に対して鷹揚に構えていた部分がなくなってしまった。しかも新自由主義的な経済政策のためなのか、日本国内でも格差や貧困が拡大している。

そうした時期、北朝鮮バッシングを最大の政治的跳躍台とした為政者が執権し、嫌韓ヘイトのような連中の歓迎を受け、排他と不寛容のムードに乗って、中国を仮想敵としてナショナリズムを煽りつつ安保関連法案などの成立に躍起となっている。それが日本の現在なのでしょう。実際にはアメリカの尻の穴を舐めているだけなんですけどね。

森　明治以降の日本は、アジアに対する蔑視感情を成長の駆動力の一つにしてきました。脱亜入欧[*1]ですね。アジアの盟主で天皇を中心とした神の国。最近もそんな発言をした自民党の元総理がいたけれど、その意識はずっと継続しています。

第二次世界大戦を日米戦争と言う人は少なくないけれど、日中戦争でもあるわけ

＊1　明治維新後の日本で、後進的なアジアを離れ列強であるヨーロッパ諸国の仲間入りをし、世界の一等国を目指そうとした言葉。

です。アメリカに負けた記憶はあっても、中国に負けたと記憶している人はほとんどいない。結果として中国や朝鮮に対する優越意識は温存されて、しかも戦後は経済でまさしくアジアの盟主を実現してしまう。

でも青木さんも言うようにここ数年、経済では中国に抜かれて韓国もすぐ後ろにいる。もうアジアの盟主にはなれない。明治以降ずっと優越感を持ってきたからこそ、この感覚のやり場がない。だからこそ「世界が称える日本」とか「日本よ、世界の真ん中で咲き誇れ」みたいなタイトルの本やテレビ番組が量産される。ちなみに『日本よ、世界の真ん中で咲き誇れ』は安倍晋三と百田尚樹の対談本です。悪い酒を飲んだとしか思えない。でも一人は今のこの国で政治のトップにいて、もう一人は大ベストセラー作家でＮＨＫの方向に大きな影響を与える経営委員会にも任命されました。

青木　もう一つ、韓国との関係の変化について言えば、冷戦体制の崩壊と世代交代の問題もあると思います。かつての日韓関係は、いろいろな摩擦を内包しつつ、日米韓が一体となって共産主義諸国と対峙するのだという大命題があったから、多少の摩擦は蓋をし、見て見ぬ振りをしてきた。しかし、冷戦体制が崩壊し、そうした一種の〝大同団結〟の必要性は過去のものとなりました。

また、戦後七〇年という人間の一生に近い時が経過し、日韓双方で世代交代が進みました。韓国では、金大中までの大統領は全員が戦前・戦中派というか、日本の植民地支配期を直接体験した世代だったんです。だから日本のことは、よくも悪くもきちんと把握し、知悉《ちしつ》していた。

森　今の朴槿恵[*1]大統領の父親で第五代から九代（一九六三〜七九年）まで韓国大統領だった朴正熙[*2]は、日本の帝国陸軍士官学校を首席で卒業しています。

青木　そう。韓国の大統領として、日本との首脳会談といった公式の場で日本語など使いませんが、朴正熙はもちろん、金大中までの歴代大統領は完璧な日本語を操ることができた。おもしろいエピソードを聞いたことがあって、金大中が日本の要人と会談している最中の話なんですが、日本語通訳のニュアンスが間違っていることに気づくと、自ら通訳を制して「そうじゃない」と言って訂正したことがあったと言われるくらいです。そうした知日派が韓国の政界や財界にたくさんいる一方、日本側にも韓国をよく知る政治家や財界人がたくさんいて、特に戦争を体験した世代では戦争被害国への贖罪意識が広く共有されていました。

ところが、日韓ともに世代が代わり、よく言えばクールというか、ドライというか、互いのことを血肉の部分で理解している政治家や財界人がすっかりいなくなってしまった。また、冷戦体制の終結とともに、「反共同盟」としての日米韓の結びつきの必要性も低下した。さらに韓国は中国と国交を結び、経済面でも日本の存在感

＊1　1952年生まれ。2013年、韓国初の女性大統領に就任。朴正熙の長女。

＊2　1917〜79年。韓国の軍人で政治家。1963〜79年まで大統領。日本による占領下で教育を受けた。朝鮮戦争休戦後にクーデターを決行し軍事政権を誕生させた。1965年、日韓基本条約を締結し国交を正常化させた。国内では民主化運動を徹底して弾圧し、1979年、側近により暗殺された。

は相対的に低下している。そうした中、新しい時代に適合した関係を構築できないまま、摩擦と対立ばかりが深化してしまっている。

戦後七〇年、日本の戦後処理はうまくいったのか

森　似た者同士というところがありますね。ヨーロッパに比べると東アジアは、やはり相当に未成熟です。

青木　ヨーロッパとアジアでは、取り巻く環境も歴史的経緯も各国の政治体制なども異なるから単純に比較できませんが、ヨーロッパの人から見たら、アジアの国々は愚かだなと思っているでしょうね。いつまで七〇年前のことを引きずっていがみ合っているのかって。

森　ヨーロッパは宗教や言語の統合がしやすいし、地政学的にもアジアとはだいぶ違う。それは理解します。でも戦後七〇年が過ぎるのだから、東アジアももう少しなんとかならないだろうかと思います。難民問題や右派勢力の台頭など問題はまだまだあるけれど、とりあえずEUはうまくいっている。国境を移動する際にもパスポートの提示が必要ない場合が多い。手ぶらで自由に行き来できる。かつては犬猿の仲だったドイツとフランスは、今では歴史の教科書を一緒につくったりしている。あまりに違いすぎます。

青木　韓国や中国にも問題はあるとは思うけれど、近年の日本に隣国が苛立ちを募らせるのは

当然でしょう。有力な政治家があの侵略戦争を肯定したり美化したりするような発言を繰り返し、A級戦犯が合祀された靖国神社に参拝し、世界的に見れば歴史修正主義の極右とみなされるような人物が執権しているわけですから。

それが各国の反発を招き、嫌な形での対立ばかりが深化してしまう。二〇一五年五月二十三日、NPT（核拡散防止条約）の再検討会議で、世界の指導者が広島・長崎を訪問するよう提案する文言が、中国の要請で合意文章から外される騒ぎがありましたよね。九州・山口などの近代化産業遺産の世界産業遺産登録では、強制徴用された労働者が働かされた施設があると韓国が反対して大きな騒ぎになりました。これについては韓国の言い分に共感できる部分もあるけれど、日本国内の反韓感情が高まったのは間違いないでしょう。こうしたことの繰り返しが相互の反発と憎悪ばかりを深めていってしまう。

森 ユネスコの世界記憶遺産に中国が「南京虐殺」を申請したことが明らかになったとき、自民党の原田義昭国際情報委員会委員長が、「南京大虐殺や慰安婦の存在自体を、我が国はいまや否定しようとしているときにもかかわらず」と公式に発言しました。ほとんどネトウヨの発想です。しかも「旧日本軍の南京入城後、非戦闘員の殺害、略奪行為があったことは否定できない」と明言していた官邸もこの発言に同調するかのように、ユネスコへの分担金拠出などの一時凍結を言いはじめた。とても恥ずかしい。好きな言葉ではないけれど、こうした政権の言動がどれほどに「国益」を害しているか、なぜ気づかないのだろう。

青木　東アジアの現状については、中国にも、韓国にも、北朝鮮にも、そして米国にも一定の責任はあるけれど、日本の責任はやはり見逃せない。というより、日本で暮らす僕たちは、中国や韓国の愚を声高に謳ってナショナリズムを高めるような態度を取るよりもまず、日本側の愚を真摯に戒めていく必要があると思います。

森　七〇年談話で安倍首相は、「子や孫、その先の世代に、謝罪を続ける宿命を背負わせてはならない」と述べて、「いつまで日本は謝り続けなくてはならないんだ」と不満を口にしていた人たちから、よくぞ言ったと称賛されました。確かに僕も、いいかげん次の位相に進もうよ、との気持ちはあります。でもきちんと後ろを振り返れば、五〇年代から六〇年代にかけて日本は、中国や韓国にそれほど謝っていないし、要求もされていないことに気づきます。だから考えねばならない。戦後七〇年も過ぎた今、なぜこれほど謝罪を要求されるようになったのかを。かつて誰かがあなたの足を踏んだ。でもその後に謝って賠償もしてくれた。ならばもういいかと思っていたら、最近になって「実は足は踏んでいない」とか「先に踏まれたから踏み返したのだ」などと言いはじめている。ならばもう一度謝れと言いたくなりますよね。僕はそういうことだと思う。

靖国問題も同様です。かつて日本の首相が靖国神社に参拝しても、なんの問題も起きなかった。中国が抗議するようになったのは、A級戦犯が合祀されて数年が経過した一九八五年くらいからです。

日中国交正常化（一九七二年）の際、「わが国は賠償を求めない。日本の人民もわが国の人民と同じく、日本の軍国主義者の犠牲者である。賠償を請求すれば、同じ被害者である日本人民に払わせることになる」と周恩来は宣言して、日本からの賠償金受け取りの権利を放棄しました。その戦争指導者がA級戦犯です。僕はA級戦犯だけに戦争責任を押しつけてはならないと考えてはいるけれど、今になっての合祀や首相参拝は、中国からすれば、いくらなんでもそれはないよと言いたくなるのは当たり前のことだと思います。もちろん中韓ともに、反日感情が高まっているからこそ、為政者が強気の姿勢を強調するという要素もあるけれど、でも反日感情が高まったり謝罪を要求する背景には、それなりの理由と必然があるのです。

周縁としての沖縄

森　日本の敗戦後に基地を押しつけられてきた沖縄では、二〇一四年の知事選で勝った翁長雄志《おながたけし》さん＊1が一所懸命抵抗している。もともと、あの人は保守というか、自民党の人でしたよね。

青木　ええ。自民党沖縄県連の会長や那覇市長などを歴任した沖縄保守政界の重鎮です。かつては普天間飛行場の辺野古移設に理解を示す発言をして

＊1　1950年生まれ。那覇市議会議員、沖縄県議会議員、那覇市長を経て、2014年11月16日に投開票された沖縄県知事選挙で沖縄県知事。なお、同日行われた那覇市長選挙、12月に行われた衆議院議員選挙でも全ての選挙区で自民党候補が破れ、「普天間飛行場の移設に反対」を掲げた候補が当選した。

いた時期もあったんですが、先の知事選では「イデオロギーよりアイデンティティ」をスローガンに掲げて辺野古移設反対を鮮明にし、現在は共産党や社民党なども含むオール沖縄の民意に支えられて移設計画に真っ向から抵抗している。

そういえば先日、翁長知事にインタビューする機会があって、率直に聞いてみたんです。なぜ翁長知事は態度を変えたのかって。そうしたら彼は言いました。変わったのは自分ではなく、本土の保守や自民党のほうじゃないかって。

どういうことかと言うと、最近の自民党政権、特に安倍政権を眺めていて、翁長知事がぶち切れる出来事がいくつかあったと言うんですね。一つは、沖縄戦での集団自決をめぐる旧日本軍の強制性を高校日本史教科書の検定で削除しようとした動き[*1]です。沖縄では「史実の歪曲」と猛反発が広がり、大規模な集会などが開かれましたが、これは第一次安倍政権下(二〇〇六年九月〜二〇〇七年八月)の出来事でした。

もう一つは、第二次安倍政権発足から間もない二〇一三年四月二十八日の出来事です。ご存知のとおり、四月二十八日はかつてサンフランシスコ講和条約(一九五二年)が発効した日ですが、これを安倍政権は「主権回復の日」と位置づけ、大々的な「記念式典」を開きました。安倍首相をはじめとする三権の長はもちろん、天皇まで招いて「万歳三唱」をするというものでしたが、四月二十八日って、沖縄では長らく「屈辱の日」と位置づけられてきた日ですよ。サンフランシスコ講和条約の発効とともに沖縄などが米軍の施政下に置かれたためですが、こんなこと、少しでも沖縄を知っている者にとっては常識です。

歴代の自民党政権だって沖縄の基地負担軽減に取り組んだとはとても言えません。むしろ沖縄に負担を押しつけ、きちんとした対処をできないできた。ただ、沖縄の歴史と痛みに対する最低限の配慮はありました。橋本龍太郎（元首相）にせよ、小渕恵三（元首相）にせよ、野中広務（元自民党幹事長）にせよ、後藤田正晴（元副首相）にせよ、そうした系譜を継ぐ自民党政治家の名前は幾人も挙げられます。

しかし、安倍政権はまったく違う。これをまさに反知性主義[*2]というべきなのか、単に極右だからそうなのか、沖縄の歴史と痛みに対する配慮はおろか、基本的な知識すら持ち合わせていないらしい。それで翁長さんはぶち切れたというんです。変わったのは沖縄保守の側ではなく、本土の保守と自民党じゃないかってね。

森　琉球朝日放送にいた三上智恵のドキュメンタリー作品「戦場《いくさば》ぬ止み《とぅどぅみ》」が二〇一五年五月に公開されました。歌手のCoccoがナレーションを担当して、コメントも寄せていますね。前半だけ読みます。

＊1　文部科学省は2007年3月30日、高等学校用教科書の検定結果を公表し、沖縄戦における日本軍の強制による集団自決について検定意見を付した。「沖縄戦の実態について誤解するおそれのある表現である」などとして、日本軍の関与そのものを削除する修正を行わせたのである。この動きに対し、沖縄戦の実相を歪曲するものとして、戦争体験者をはじめ、沖縄県民と国民から強い批判と抗議の声が上がった。

＊2　本来はごく普通の市民が道徳的な能力を持ち、特別な教育を受けなくても、誰もが自然にその能力を発揮できるという平等思想を意味した。

しかし昨今の特定秘密保護法案や集団的自衛権をめぐる安全保障法案について強引な政権運営を行う安倍政権誕生以後、一般的な理解も進まない状況で専門性のある立場の者の意見に耳を傾けない独裁的な政権下で行われる愚民政策を指すようになった。

ギロチンか電気イスか
苦渋の選択を迫られたとして
それはいずれも〝死〟だ。
辺野古か普天間かを問われるから
沖縄は揺れ続ける。

そもそも基地はいらない。ところがその「そもそも」が消えて、辺野古と普天間のどっちにしようかとの論議ばかりが本土では続いている。確かにそうですね。これが沖縄の人たちの実感なんだろうなという気がします。

青木　沖縄のことを考えると、僕は韓国に暮らしていた頃のことも思い出すんです。ある日、安酒場で市井のおじいちゃんと話していたら、「日本はずるい」って言い出した。なぜかと尋ねれば、ヨーロッパでは先の大戦に敗北したドイツが分断され、長い苦しみの果てにようやく統一を果たし、現在の繁栄を謳歌している。なのにアジアでは植民地支配から解放された朝鮮半島が分断され、半世紀以上も経った今に至るも統一すら果たされていない。なんだか不合理じゃないかって言うんです。

もちろん政治状況も時代状況も違うから一概に比べられるわけもないし、僕は歴史学者でもなんでもないけれど、日本がポツダム宣言を受け入れたのは、ある意味で絶妙な時点だった。もう少し早ければ朝鮮半島の分断はなかったかもしれない。逆にもう少し遅ければ、ひょっとすれば日本の一部が分断されていたかもしれない。しかし、現実には朝鮮半島が分断されました。

韓国には、日本と同様にというか、沖縄と同様に、米軍基地がたくさんあります。大半の基地を沖縄に押しつけた日本とは異なり、首都・ソウルの中心部にだって広大な米軍基地がある。ソウル駅からわずか一キロほど南に広がる龍山《ヨンサン》基地は約二・九平方キロメートルで、普天間基地の半分強という広さです。実を言うと、植民地時代は旧日本軍の基地が置かれていた場所で、近年は米軍再編計画によって返還が決定したけれど、その後あまり進展していません。

僕はソウル特派員だったとき、いつもその基地の横を通りながら仕事場に通勤していました。自宅と支局のあいだに基地があったんです。見上げるような灰色の塀と鉄条網が延々と続き、上空にはヘリコプターなどが轟音をたてて舞っている。韓国ではそんな巨大基地が首都のど真ん中に鎮座しているんです。

そう考えると、さっき話したおじいちゃんの話も、さらに切々とした意味を含んで迫ってきます。ヨーロッパと異なり、アジアでは朝鮮半島が分断され、敗戦国の日本は分断から免れた。それどころか、日本が戦後の経済復興の足がかりを摑んだのは朝鮮戦争です。同じ民族が戦火を交え、朝鮮半島全体を焦土と化した朝鮮戦争は、軍民合わせて五百万人もの死者を出したと言われていますが、それを大きな跳躍台にして高度経済成長を成し遂げ、現在の日本の繁栄はある。おじいちゃんが「ずるい」と言うのも当然でしょう。

しかも日本の場合、米軍基地の大半を沖縄に押しつけ、韓国のように首都のど真ん中に基地があるような状況でもない。振り返ってみれば、日本という国は、負担や犠牲をすべて沖縄や朝鮮半島といった周辺部に押しつけ、自らはその果実だけを貪り食って繁栄を謳歌しているだけじゃないか、と見られてしまっても仕方ないんじゃないかと僕は思うんです。

沖縄に関して言うと、溜まりに溜まったツケが今、明らかに回ってきている。僕たちも含め、本土のリベラルを自称する人たちが沖縄に思いを寄せるのは当然にせよ、そんなことばかり言っている場合でもない。本土で蜂起しなくてはいけないのに、闘いまで沖縄に押しつけているような面がある。

森　闘いまで沖縄に押しつける。確かにそれは否定できない。沖縄の人たちもなんとなく感じているからこそ、腹が立つのだろうな。本土の人はすべて沖縄へ行って、観光の前にガマ[*1]に入ったほうがいいよ。沖縄戦でどういうことがあったのかを知るために。もちろんリアルに知ることはできないけれど、薄暗いガマの中で区切られた小さな青空を見上げるだけで、あるいは火炎放射器の炎で真っ黒に焦げたガマの壁に触るだけで、きっと湧き上がるものがあると思う。

青木　そうですね。沖縄にせよ、韓国にせよ、北朝鮮にせよ、僕たちはせめてもっと知るべきです。最低限、知ろうと努力を尽くすべきでしょう。誰だって無知な面はあるけれど、知ろうともしない真の無知はしばしば罪をつくり出す。現政権などはその典型例でしょう。しかも特定秘密保護法[*2]などを見ていると、民にも無知を強いようとしている。

森　戦後の占領期、鬼畜米英の米兵が来たら、男はみんなソーセージに加工されて女はレイプされると日本国民は本気で思っていたらしい。情報がないからです。そんな時代を考えたら、今のメディア状況は相当にマシになっているはずなんです。ところがいまだに情報リテラシーがほとんどない。ネットで匿名掲示板や産経ソースの記事を読んで、中国や韓国は怖いとか許せないなどと息巻いている。その延長に現在の安倍政権があるわけです。結局のところ人は変わらない。絶望しながらそう思います。

つくり上げられたイメージを見極めるために

青木　それにしても、安倍政権なんていう最低最悪の政権の支持率がなぜこれほど高いのか、僕などは本当に不思議で仕方ない。安保法制成立後はさすがに下がりましたが、それでも三〇パーセン

＊1　沖縄本島南部に多く見られる自然洞窟。太平洋戦争末期の沖縄戦では野戦病院や住民の避難所として使われ、ガマの中で多くの者が亡くなった。

＊2　特定秘密の保護に関する法律。2013年10月25日、第2次安倍内閣はこの法案を閣議決定し、同年12月6日に成立した。これに対し、特定秘密の指定範囲が曖昧である、国民の知る権利の侵害にあたるなどと指摘する声が多数あがった。

ト以上でした。

聞くところによると、テレビなどに首相が出演しても、視聴率は大して上がらないんだそうです。メディア各社の世論調査などを眺めても、支持するという人たちの理由で最も多いのが「他に適当な人がいないから」だったりする。つまり、さほど積極的な支持というわけじゃない。

現在の政界の状況を考えれば、気持ちはわからなくもない。しかし、個別に尋ねれば、安保関連法案も、原発再稼働も、辺野古への基地建設も、いずれも反対が多いというのに、「他にいないから」などという理由で立憲主義を破壊する反知性の極右政権が支持を受けて存続してしまっている。

森　うん。

青木　それは朝鮮半島に分断を押しつけ、米軍基地を沖縄に押しつけ、隣国で起きた戦争を踏み台にして経済発展をしたというような、一種、すべてを他人事としてきた意識と重なるのではないかと僕は思う。ひょっとするとこれは究極の平和ボケかもしれないし、戦後民主主義なるものの正体だったのかもしれないとすら思います。

森　集団的自衛権や原発再稼働について、メディア各社のアンケートは設問によって多少は違いはあったけれど、「支持しない」が過半数であることは確かでしょうね。ところがこの二つを推進する安倍政権を支持しますかと聞けば、支持のほうが多くなる。要するにイソギンチャクですね。

青木　というと？

森　刺激があれば反応する。でも自発的には動かないし考えない。新聞も読まなければ本も読まない。「集団的自衛権や原発再稼働についてはなんとなく反対だけど安倍さんはまあ頼もしいみたいだし他に首相の器たる人がいないから支持するわ」。……女性のコメントにしたけれど他意はないです。これは平和ボケではなくて、ただの受動態で思考停止です。石原慎太郎前都知事のようなイケイケの政治家たちがよく口にする「血を流す覚悟」みたいなフレーズが、最も愚劣な平和ボケだと思う。

僕の周りでも安倍自民党を支持する人は、ほとんどというかまったくいない。まあどこかにはいるのでしょうが、でもこれほどの支持率の高さは確かに実感として不思議です。まさしくサイレントマジョリティ。安易に引き合いにすべきではないと思っているけれど、これはナチスの黎明期と同じです。最初は誰も積極的に支持していないけれど、いつのまにか第一党になっていた。その後に熱狂がはじまります。あの状況を繰り返しているとみなすのは乱暴すぎるけれど、近いと言えば近いです。まあでも、自分で自分の言ったことを半ば否定するけれど、『正論』や『WILL』などの常連執筆者たちも、自分の周りはみな安倍政権を支持しているのに、などと言っているのかもしれない。要するに、それぞれ集団化してしまっているということでしょう。

ただし、いわゆる戦場カメラマンやジャーナリスト、あるいは海外NPO関係者やドキュメンタリストのほとんどは、安倍政権を強く批判している。ネットなどではブサヨなどと書かれる人たちです。その理由は単純です。僕たちは現場を知っています。多くの死体や泣き叫ぶ人たちを目撃しています。国益とか誇りなどと安易に口にする人たちの多くは、まず現場に行きません。彼らの情報のソースは本かネットです。この違いは大きい。

戦後の東アジアに限定しても、朝鮮戦争で同じ民族が殺し合って半島は分断されて、韓国では済州島四・三事件[*1]や保導連盟事件[*2]などで百万人規模の虐殺が行われている。北朝鮮は今も独裁先軍政治で多くの人が苦しんでいる。中国では文革（文化大革命）で数百万人が死にました。アジア全般で考えてもインドネシアとかミャンマー（ビルマ）とかカンボジアとか、民兵や軍が市民を無差別に殺戮する血の歴史はずっと続いてきた。この七〇年を考えれば、憲法を掲げながら、平和と安定を日本は奇跡的に維持できてきたんです。百歩譲って日本が平和ボケだとしても、それに見合うだけの恩恵を十分に得ています。それを壊す理由はどこにもない。安全保障環境が急激に悪化したなどまったくのデマゴギーです。

青木　そのとおりです。ただ、それを逆に見てみると、日本という国は周辺国の困窮や苦悩を横目に見つつ、ひとり平和と繁栄を貪り食ってきた面があります。それを平和ボケと罵る必要はないかもしれないけれど、せめてそうした状況を客観視できないと、とんでもない傲慢を外部に振りまいてしまう。

拉致問題のときのファナティックな議論が典型的でしょう。拉致問題をなんとか解決に導きたいという訴えには僕も異論はないけれど、朝鮮半島を眺めれば、今も分断状況が続き、南北の離散家族は千万人以上にも上ると言われています。韓国が経済成長を果たしたとは言っても、目の前には困窮の独裁が屹立していて、眼前に爆弾を抱えたような状況が今も続いているわけです。

この分断状況がなぜ起きたか、なぜ続いてしまっているかといえば、最も大きいのは米ソ両大国による冷戦体制だったわけですが、先ほど申し上げたように、かつて朝鮮半島を植民地支配した日本の責任だって免れない。まして朝鮮戦争を戦後経済復興の跳躍台にしたわけですから、世界第二位の経済大国でアジアの盟主だと自認してきた日本は、ならば「地域の大国」として果たすべき役割がある。北朝鮮と国交正常化をしていないということは、言葉を変えれば、戦後七〇年が経ってもなお日本は戦後処理を終わらせていないということを意味します。

確かに現在の北朝鮮の政治状況はひどい。ただ、金正恩政権を支持するとか、支援する

＊1　戦後、南北に分断された朝鮮において、済州島内では統一された独立国家の樹立をめざす運動が起こった。親米の李承晩政権は反共を掲げる右翼青年団体を送り込み組織の壊滅を図ったが、島民の不満を背景に力を増していた南朝鮮労働党は、1948 年 4 月 3 日、島民を中心とした武装蜂起を起こした。これを鎮圧するために、南朝鮮国防警備隊、軍、警察などが島民を虐殺。1954 年 9 月 21 日までに 8 万人以上の島民が虐殺されたといわれている。

＊2　1949 年、韓国において左翼系人物を転向させ、北朝鮮政権を絶対反対し共産主義思想を排撃する目的で保導連盟が組織された。1950 年 6 月 25 日、朝鮮戦争が勃発し朝鮮人民軍がソウルに迫ると李承晩大統領は保導連盟員や南朝鮮労働党関係者を処刑するよう命令。軍や警察は保導連盟に登録していた人民を大田刑務所などで虐殺。被害者は 100 万人以上ともいわれる。

とかいうのではなくても、もうちょっと大局を眺めながら時にコミットし、時に中国や韓国、そして米国などと連携しつつカタストロフをどう防ぐのか、真摯で積極的な外交努力が必要なのに、最近の日本国内のムードはいったいどうか。嫌中、嫌韓などというバカげた現象が蔓延し、現政権も似たようなメンタリティの持ち主だからなのでしょう、中国や韓国との首脳会談すら開けないような状態が続きました。北朝鮮に至っては、日朝首脳会談などを契機として皮相なバッシングばかりがはびこり、蔑んだりバカにしたりする一方、敵基地攻撃論といった妙に勇ましい暴論が跋扈する素地になってしまっている始末です。

森　やはり問題はメディアです。北朝鮮国民は金正日を何と呼んでいたか。そう質問すると多くの日本人は「将軍様」と答えます。確かに北朝鮮国民へのインタビューなどではほぼ必ず、「親愛なる指導者様」とか「偉大なる領導様」とか、必ず呼称に「様」をつけている。だから多くの人はテレビなどを見ながら思うわけです。為政者に対して「様」をつけるなどありえない。やはり洗脳されているのだろう。こんな国とまともな交渉などできるはずがない。

ならば北朝鮮国民は本当に金正日を「将軍様」と呼んでいるのか。実際には「チャングンニム」と言っています。チャングンは「将軍」でニムは「様」。ならば問題ないじゃないか。そう言うメディアの人に対して、朝鮮語に堪能な青木さんはどう答えますか。

青木　韓国・朝鮮語では一般的に、お父さんやお母さんを「父母様／プモニム」、学校の先生なども「先生様／ソンセンニム」、社長も「社長様／サジャンニム」と呼びます。

森　そう。儒教文化ですから。韓国や北朝鮮では、目上の人にはすべて必ず「ニム／様」をつけるんです。課長でも部長でも同じ。でもたとえば韓国ドラマを日本のテレビで放送するとき、「ニム／様」は外します。当たり前ですね。先生様に社長様に課長様では日本語として明らかに不自然です。放課後の高校生たちの会話を「あの先生様を今度しめるぞ」などと訳さない。ところが日本のメディアは、金正日や金正恩への呼称からは「様」を外さない。実際に言っているのだから嘘ではない。でも悪質です。メディアのヤラセとか嘘などと多くの人はすぐに口にするけれど、実際にはもっと微妙です。黒か白かではない。虚実は常に入り混じっています。なぜメディアが「ニム／様」を残すかといえば、北朝鮮の異常さを強調したほうが部数や視聴率は上がるからです。つまり市場原理。結局は市場である僕たちのレベルに起因します。

僕も青木さんも北朝鮮に行って知っているけど、国民一人ひとりはみんな普通です。当たり前です。僕たちと同じように、楽しければ笑うし、悲しければ泣く。子や親を愛すし平和を望む。確かに国家や指導者への敬愛は尋常ではない。戦争博物館（祖国解放戦争勝利記念館）に行きましたが、要するに北朝鮮版の靖国の遊就館[*1]です。最大の仮想敵国はアメリカ。戦わねばならないその大義は、もちろ

＊1　幕末維新期の動乱から第二次世界大戦に至る戦没者、国事殉難者を祭神とする靖国神社に併設された施設。戦没者や軍事関係の資料を収蔵・展示している日本における最初で最古の軍事博物館。

＊2（次頁）　多人数が集まって体操やダンスなどを一斉に行う集団演技。北朝鮮のマスゲームは10万人を動員して1時間半にわたって行われるなど、特に大規模なことで有名。

ん自衛です。街には金日成と金正日の肖像画や銅像だらけ。お辞儀を強要されることもある。なんだよこれはと反発しながらも、戦前の日本を考えれば不思議じゃないと気づく。

青木 以前、ある右翼団体の幹部が北朝鮮を訪れた際、マスゲーム*2などを見て「これは理想の天皇制国家だ」と言ってうらやましがった話を聞いたことがあります（笑）。それはまあ冗談としても、北朝鮮の世襲独裁体制をバカにしてばかりもいられない。

森 指導者の肖像画や銅像は独裁国家でよく目にする光景だけど、確かに肖像画の配置の仕方など、なんとなく戦前の日本を彷彿させますね。

青木 戦前の日本に学んでいる面はあるのかもしれませんよね。それに現代日本だって、森さんの言う「ニム／様」じゃないけど、メディアは皇室報道の際、「天皇陛下」と呼んだ上で敬語使用を事実上義務づけている。敬語を使った瞬間に批評精神も、批判精神もなくなるわけで、ジャーナリズムの原則論から考えればありえないことですが、当たり前のように使われています。

森 敬語を使わないと不敬だと批判される。確かにその位相では違いなどないですね。そういえばイギリス皇太子の孫娘の名前をサルにつけた動物園にたくさんの抗議がきたとのニュースもあった。日英関係が悪化したら動物園は責任とれるのかとかなんとか。明らかに日本の天皇制をそのまま敷衍して不謹慎だという発想なんだと思うけど、イギリス王室は、「どうぞご自由に」と言ったとか。

青木　ええ。日本の天皇制を敷衍したことで起きた騒動だったのは間違いないのに、そのことに触れたメディアもほとんどありませんでした。僕が見た限り、わずかに朝日新聞（二〇一五年五月九日付朝刊）が「一部の人たちが英王室の王女の名前に日本の皇室を重ね、敏感に反応したのだろう」という識者談話を交えた記事を掲載したくらいです。皇室のタブー性が騒動の背後にあることすら書かないのは、皇室タブーの奥深さを裏づけるものといえるかもしれません。

森　かつて今の皇后は「美智子様」ではなくて「美智子さん」や「ミッチー」と呼ばれていました。その子どもたちは「アーヤ」に「サーヤ」、今の天皇の弟は「火星ちゃん」です。それが普通にメディアとか日常会話で使われていた。不思議です。今なら大騒ぎになります。天皇タブーが自主規制的にきつくなっている。

青木　それじゃあ、たとえば外国の動物園がサルなどに皇室の人びとの名前をつけたらどうなるのか。たとえば中国や韓国の動物園だったら、蜂の巣をつついたような大騒ぎになるでしょう。イギリス王室のように「どうぞご自由に」などという大人の対応は絶対にできない。

森　許さないのは一部政治家やネトウヨみたいな人たちでしょう。皇室の人たちは、何も言わないんじゃないかな。

5　メディアの闇

タブーを生む〝標識〟

青木　メディアには、森さんがよくおっしゃるような、忖度しすぎるという面があると思います。いわゆる放送禁止歌もそうだと思うけれど、勝手に危ないと思い込んで線を引き、その内側に自ら閉じこもってしまうことが多すぎる。

森　放送禁止歌は要するに〝標識〟です。日本のメディアは世界でもトップクラスの自由な環境を保証されているのに、自由な空間が怖くなってしまう。だから「ここから外は危険です」とか「これ以上は立ち入り禁止」などの標識が欲しくなる。エーリッヒ・フロム[*1]的な「自由からの逃走」ですね。その標識を目にして「ここは安全なんだ」と安心できるわけです。こうして無意識に自分たちで標識をつくってしまう。でもやがて自分たちが標識を立てたことを忘れてしまい、「日本の表現や言論は規制だらけだ」などと愚痴を言っている。こんな下らないレベルを下支えしているのが、多数派への過剰な忖度であり、帰属する集団への過剰な同調です。

青木　同感ですが、標識を立てるのには、最初になんらかの理由があったと思うんです。まったく理由がないわけじゃなくて、きっかけはある。それがいつのまにか忘れ去られ、標識だけが既存のものとして当然視されるようになり、ある意味で日常化し、また別のきっかけがあったりして標識の数と範囲が拡大していく。

森　基本は自由が怖い。だからきっかけを探す。きっかけはなんでもいい。そのプロセスはあるかもしれない。その好例が「八百屋」「魚屋」「肉屋」「床屋」です。そもそも「床屋」は差別語だとか、「屋」は定期収入ではなくて日銭を稼ぐ仕事を意味するから差別的だとの説があるけれど、真相はよくわからない。今ではほとんどのメディアで言い換えています。八百屋は「青果店」で魚屋は「鮮魚店」、肉屋は「精肉店」で床屋は「理容室」など。バカみたい。ならば「あわて床屋」や「かわいい魚屋さん」などの童謡は放送禁止歌としてメディアの表舞台から消えてしまう。

青木　しかも最近、メディア批判が高まる中、メディア企業はますます萎縮の度を強めています。少しでも抗議がくると、首をすくめるように怯え、自主的な規制に走ってしまう。特にネトウヨのような連中は、ものすごい勢いで集中的に抗議してくるから。

森　ジャーナリズムであれば抗議されて当たり前。物議を醸すからジャーナリズムなんです。ところがこの国の新聞社やテレビ局などは大企業になっちゃったわけです。そうなるとリスクヘッジや危機管理などの優先順位が高くなる。ならば火中の栗を拾うなどとんでもない、ということになっても不思議はない。

＊1　1900～80年。ドイツの社会心理学、精神分析、哲学の研究者。ナチス政権誕生後はスイスに移り、1934年、フランクフルト学派の主要メンバーと共にアメリカへ移住。1941年『自由からの闘争』において、ナチズムに傾倒していったドイツを考察し、「自由」をファシズムの状況を生み出すこととなった根源として考えた。

市場原理とジャーナリズムの問題は、資本主義経済である限りは世界共通です。メディアとジャーナリズムの拮抗です。でも日本のジャーナリズムは市場原理への埋没の度合いが大きい。なぜならジャーナリズムの論理よりメディアの論理のほうが強いからです。ジャーナリズムは個に立脚します。メディアは組織。そしてこの国では、個の論理が組織の論理に回収されやすい。高度経済成長期には企業戦士であり、戦争時には皇軍兵士です。その体質が変わっていない。結果としてジャーナリズムが衰退する。

青木 本来は個の集合体が組織であるべきはずなのに、組織の論理が優先して個が従属する立場を強いられているのは、実感としてよくわかります。僕が通信社の記者だった時代、社外で原稿を執筆することを疎ましく考えているらしい幹部に、こんなことを堂々と言われたことがあります。「お前が取材で入手した情報は、組織の名刺とカネがあってこその情報なのだから、お前の頭の中にある情報もすべては組織のものなんだ」って（笑）。冗談のような話ですが、その幹部は本気でそう思っているらしかった。

それは今もさほど変わっていません。むしろ強まっているのかもしれない。いくつかの新聞が最近、署名記事を増やしているのはいいことだと思うけれど、社外で書籍などを執筆するハードルは以前よりも明らかに高くなっていて、複数の大手新聞は記者が書いた書籍の印税をピンハネするばかりか、印税契約の主体を組織にすることを社外執筆許可の条件とするようになっている。署名記事の増加とは裏腹に、これも業界のスタンダードになりつつあって、組織が個を従属させる風潮はますます強まっています。そうした状況下で、個の側も抗うことを忘れつつある。

それでも抗おうという個はいないわけではなくて、少し前、NHKの職員有志による勉強会に講師として招かれたんです。「籾井体制下でどう抗っていくか」というのが基本的なテーマで、OBの池上彰さんなども呼んで意見交換をしているらしい。僕が招かれたときは、さまざまな職場から五十人くらいが参加していました。

森　日放労（日本放送労働組合）が主催ですか。僕も数年前に呼ばれました。今思えば、あの頃はまだまだよい時代だった。

青木　それとは違うのかな。あくまでも日放労はバックアップという位置づけで、職員の有志が自主的にやっているという会でした。管理職も来ていましたからね。そこで聞いた話の一つが興味深くて、やはり抗議や批判への萎縮という問題でした。

どこのメディア組織も似たようなものだけど、いろいろな不祥事って当然起きるでしょう。NHKも例外じゃなくて、近年は大小さまざまな不祥事があった。そのたびに金科玉条のように言われるのが「視聴者を大事に」。もちろんそれはとても大切なことなんだけど、不祥事の再発防止策としてお決まりのような結論が「視聴者からの意見はおろそかにせず、一つひとつ真摯に対応しろ」となる。これも大切だけど、それを杓子定規にやると、クソのような抗議にも対応しなくちゃいけなくなる。ただでさえ番組制作でアップアップなのに、理のない抗議にまでいちいち対応していたら仕事がパンクしてしまう。だったらもう面倒くさいテーマはやめといたほうがいいよね、というムードが蔓延していると、ある現場ディレクターが嘆いていたんです。コンプライアンスとか危機管理などに加えて、こういうことも現場を疲弊させる一因になっているんだなと。

森　十年ほど前になるけれど、アジアプレスが制作したドキュメンタリーがETVで放映されました（「ETV特集　2006年夏戦場からの報告――レバノン・パレスチナ」）[*1]。イスラエルのレバノン侵攻時のドキュメンタリーで、イスラエル軍に砲撃されて破壊された一般市民の車の映像があります。運転席にいた男性の首がちぎれかけて死んでいるカットです。これは難しいだろうかとアジアプレスのディレクターたちも思ったようだけど、そのときのETVのプロデューサーは、こうした残虐なシーンをカットするならば戦争を伝えられないと放送に踏み切った。立派な決断です。絶対に支持します。

基本的にETVのドキュメンタリーは再放送が前提だけど、これは一回だけの放送で終わっています。なぜならば視聴者から抗議がきたから。数は一六件くらいだったかな。そのうち十件くらいが、食事時に何でこんな映像を放送するんだ、というものだったらしい。だったらチャンネルを変えてくださいと言えばいい。でも、それは言えないって。

本気になればいくらでも闘えるはずなんだけど、結局は煩雑さというのかな、そういった形のルーティーンの中で角を削られて流されていく。最初はオンエアしようという志はあったと思うけれど、いつのまにか呑み込まれてしまう。結果的には再放送されない、そういった大きな流れに抗することができない。正確には、できないというよりも抗するという発想がなくなってしまっているわけで、それが一番の問題です。

青木　ええ。そこが組織の悪質な一面です。誰だってトラブルは避けたい。まして組織は一般的にトラブルをマイナス点とみなします。そしてそこから逃避し、ルーティーンという日常に埋もれていれば、そこそこは忙しい。組織だって永遠に持続することなどありえないんだけれど、本質的な煩雑さと闘うことを忘れさせてくれる程度の持続力と日常性は保障されているから、その中に逃げ込んでいるうちに感覚は麻痺し、抗うこと自体を忘却してしまう。人間は弱いから群れるんじゃない、群れるから弱いんだと言ったのは竹中労[*2]だったけれど、組織メディアの最も悪い部分がそこに集約されてます。

真実をねじ曲げるタブー

青木　先ほど森さんがレバノン侵攻時の遺体映像の話をしたけれど、東日本大震災の際もそうでした。僕も現地で取材しましたが、こちらはさらに生々しい話だと思います。「食事時になんでこんな映像を」というレベルの反発に加え、被災者感情を考えろといった位相からの抗議も受けかねな

＊1　アジアプレス・インターナショナル。1987 年に結成された独立したフリーランスジャーナリストのネットワーク組織。

＊2　1930 ～ 91 年。ルポライター。『琉球共和国――汝花を武器とせよ』『ルポ・ライター事始』など著書多数。

い。結果、誰も批判しようのない「絆」とか「がんばれ日本」「がんばれ東北」といった耳障りのいいスローガンは盛んに流通したけれど、未曽有の大災害の実相ははたして伝えられたのか。興味本位で遺体を映すべきじゃないとは僕も思うけれど、必要な場面では配慮をしつつ映したっていい。でないと巨大災害の本質は伝わらない。

森　3・11の際は、遺体の写真を掲載した雑誌や新聞、放送したテレビは皆無だと思います。阪神・淡路大震災のときは多少あった。大阪の読売テレビに呼ばれて、「阪神・淡路大震災から二〇年」をコンセプトにした特番に出演しました。ポイントは震災とメディアです。基本的に民放への主演は断ることが多いのだけど、これは意義ある企画だと思って出演しました。ベースはスタジオでの討論で、遺体は映すべきか否かとの論点も提示された。

スタジオには僕とノンフィクション作家の石井光太とか、あとは読売テレビの解説委員とかタレントなども何人かいて、かなり議論したのだけど、映すべきじゃないという声が強いわけです。特に読売テレビの解説委員の方とは、かなり長く論戦しました。

各局、各紙がすべて一斉に死体を隠した、その背景にはどんなメカニズムが働いているのか。それはやっぱり同調圧力であり忖度である。遺族を配慮することはもちろん大前提だが、実際には見たくないとのテレビの前の視聴者の反応を気にしたのではないか。僕のそんな主張に対して解説委員は、「メディア各社が自主的に判断して遺体を見せることをやめた」と言い張るんです。つまり忖度や同調ではないと。「メディア各社それぞれ同時に判断して、その結果として一斉に遺体が消えたのですか」と念を押せば、「そうです」と自信たっぷりに答える。決して言い逃れじゃなくて、本気でそう思っているような口ぶりでした。だからやっぱり、こうしたメンタリティは依然としてあるんだなと、びっくりしたと同時に実感しました。

青木　いや、それは嘘じゃないと思いますよ。日本新聞協会とか民放連（日本民間放送連盟）とか、あるいはその他の場で談合してやめたんじゃない。確かに各社の自主的な判断でしょう。でも、それはまさに忖度や同調であって、だからこそ気味が悪い。

森　うん。各社が統合して取り決めたわけではない。でも阪神・淡路大震災や9・11のときは映されていた遺体が一斉に消えた。それは明らかに同調であり忖度です。無自覚で自律的な規制なんです。それを自分たちの自由意思だと思い込んでいる。

青木　つい最近のケースでは、各社の判断が割れたケースがありました。トルコの沖合でシリア人難民[*1]たちを乗せた船が転覆して、海岸に流れ着いた幼い男の子の遺体を警官が抱きかかえている写真です（下部の写真）。トルコの通信社の記者が撮影して配信されたものですが、この写真が欧米各国の新聞に大きく掲載されて衝撃を広げ、各国がシリア難民の対策に本腰を入れるこ

海岸で兵士に抱えられる幼児の写真
http://www.iza.ne.jp/topics/world/world-7963-m.html より

＊1　2011年3月以降に起きた内戦により、22万人以上が死亡。国連難民高等弁務官事務所によると、人口2200万人のうち400万人以上が国外で避難生活を送る。

とになりました。一枚の写真の持つ影響力を、久々に感じさせる出来事だったと思います。

この写真を日本の新聞各紙も掲載したのですが、男の子の遺体部分にモザイクをかけた社と、かけなかった社があった。まさに「自主的な判断」なのだということを示す例でしょう。ただ、遺体にモザイクをかけるという判断に僕は強い違和感を覚えます。そんな加工をすることについて、写真の撮影者には同意を得たのか。じゃなければ撮影者に対する冒瀆だし、そればかりか逆に遺体を冒瀆しているようにすら思える。何よりも、モザイクをかけてしまったら、事実が赤裸々に放つメッセージが伝わらない。欧州を中心とする各国がなぜこの写真に衝撃を受けたのかも感じられないでしょう。

さらに問題なのは、おそらくこれは遠い国で起きた出来事だから、各社が一斉にモザイクをかけるという「自主的判断」に至らず、モザイクをかけないで掲載した社もあったと思われる点です。これが足下の出来事で、しかも被害者や遺族と間近に接するようなテーマだったらどうか。大半のメディアは、写真の掲載そのものを取りやめてしまうでしょう。するとどうなるか。トルコのケースを例に考えてみれば、幼い男の子までが犠牲になっているという事実は衝撃をもって伝えられず、欧州各国が難民対策に動くという波及効果も起こらないということになってしまう。

森　その男の子の写真については少し調べたけれど、『ワシントン・ポスト』や『ニューヨーク・タイムズ』では、モザイクなしです。ＢＢＣとかＣＢＳとかもそのままの動画でした。

日本のメディアは、すべてとは言わないけれど、ほとんどがモザイクでした。ただし補足するけれど、遺体が映れば遺族は傷つくし、それはできるかぎりは控えるべきだと僕も思います。でもプロならばいろんな撮り方ができる。遠景で多くの遺体を特定できないように映すことも可能です。何が起こったかを伝えて残すためには重要な要素です。アウシュヴィッツの映像を僕たちは見ることができる。痩せさらばえた多くのユダヤ人の写真を見ながら、こんなことは二度とあってはならないと思う。

阪神・淡路大震災のとき、瓦礫から手が出ている写真が印象に残っています。写真誌だったと思う。どこの誰かはわからない。でも悲惨さを本当にリアルに伝えていた。そういったものさえ3・11以降は封印されてしまった。読売テレビのスタジオで多くの人と討論しながら――半分以上は遺体を映すべきじゃないと主張していたから僕は鬼畜のように思われていたと思うけれど――、結局は「自分が見たくない」と「子どもに見せたくない」との意見が多いんです。ならば本音として遺族は関係ないじゃないか。

最近では元少年Aが発表した『絶歌』(太田出版、二〇一五年)が大きな話題になりました。[*1] 遺族が傷つくのだから出版すべきではないとの論理です。遺族の気持ちを最大限に配慮する

＊1　1997年、兵庫県神戸市須磨区で発生した連続殺傷事件(神戸連続児童殺傷事件)の犯人「少年A」(当時14歳)は、2004年に社会復帰、2015年6月に自叙伝『絶歌』を出版した。これに対し、被害者遺族が出版によって「重篤な二次被害」を受けているとして出版社に回収を求めたり、ネット上でも「出版差し止めを求める署名」が出回ったりした。一部書店は「被害者遺族の心情に配慮した結果、6月11日に発売される前の時点で、一切取り扱わないことを決めました」と発表し取り扱いを拒否、大阪市教育委員会は市内の図書館での18歳未満への貸し出しを禁止するなど、大きな社会的影響を与えた。

ことは当たり前。でもこれを最優先するならば、災害や戦争の報道はできなくなります。遺族はいくらでもいますから。殺人事件が起きたときも、遺族の気持ちを思えば報道すべきではないということになってしまう。アウシュヴィッツの遺族は今もまだたくさんいます。ならば遺族の気持ちに配慮して、収容所で何があったかを伝えるべきではないですね。ましてや加害者であるナチス幹部の手記や告白などもってのほか。エノラゲイの乗務員も加害者だから、原爆投下時に何を思ったかなど公表すべきではない。広島の原爆ドームや丸木《まるき》位里《いり》・俊《とし》夫妻の「原爆の図」[*1]も展示をやめましょう。遺族は今も傷つくはずです。ピカソの「ゲルニカ」は、そろそろ遺族がいなくなるから封印を解きましょう。ユージン・スミス[*2]の水俣病の写真集や『裸足のゲン』は廃刊します。……そうなるんです。

報道や表現には絶対に副作用があります。誰かを傷つけています。それは知りながらも、でも伝えなくてはならないと僕たちは歯を食いしばって報道したり表現したりしているわけです。ところがこうした事態が起きたときは、一気呵成に遺族の心情を理由にしてバッシングする。しかも本音は自分が見たくない。もう少し成熟してほしいと心から思います。

『絶歌』騒動の本質は、彼が匿名のままであることに対しての憤りです。少年法に対しての不満も相乗した。そうした不満や鬱憤が遺族の心情という回路を見つけた。言い換えれば遺族の必死な思いを口実にしているわけです。これは拉致問題も含めて、日本の最近の大きな問題に通底します。

青木　刑事司法でも、拉致問題でも、災害でも、被害者感情という「情」に圧倒され、「理」が平然と呑み込まれていく。あえて皮肉を込めて言えば、現実には被害者感情を商売のタネにしつつ、僕たちが守らなくてはいけない原則や矜持を売り渡し、自分で自分の首を絞めているようなものです。
　ところで、森さんの映画「311」[*3]では、最後に遺体の一部が出ていましたよね。

森　別に言い訳するつもりはないけれど、一瞬です。そのカットの後に、遺体を撮影することをめぐって住民たちと言い争いを演じる自分たちのシーンを入れました。それがほぼラストカットです。住民たちの多くは遺族です。怒ることは当たり前です。
　それは承知で怒鳴り合うシーンを最後に持ってきました。メディアは人を傷つける。加害性は絶対に消えない。だから開き直れと言うつもりはない。後ろめたさを持ってほしい。その上で覚悟してほしい。ジャーナリズムは大切です。重要な仕事です。でも負い目をなくしてはいけない。三年前に戦場写真家のジェームズ・ナクトウェイ[*4]と

＊1　「原爆の図」は、丸木位里（1901 〜 95 年）と丸木俊（赤松俊子：1912 〜 2000 年）の夫婦共同制作による絵画連作。1950 年代はじめから「原爆の図展」「原爆美術展」などさまざまな名称で巡回展が開かれた。「原爆の図」は原爆の図 丸木美術館蔵。

＊2　1918 〜 78 年。アメリカの写真家。第二次世界大戦中は従軍カメラマンとしてサイパンや沖縄戦を取材した。1957 年からは写真家集団マグナム・フォトに所属。1970 年、チッソが引き起こした水俣病の汚染の実態を写真に撮り、世界に水俣病を知らしめた。

＊3　森達也、綿井健陽、松林要樹、安岡卓治の４人による共同監督作品。2011 年３月 11 日の東日本大震災から２週間後、被災地で取材・撮影されたドキュメンタリー映画。被災者だけではなく、取材する側の戸惑いを映したセルフドキュメンタリー。

＊4　1948 年生まれ。ジャーナリスト、戦場カメラマン。1986 年からは写真家集団マグナム・フォトに所属した。これまでにロバート・キャパ賞を５度受賞。

話しました。「自分は遺族や被害者の悲しみや絶望を食いものしているといつも思っている」と彼は言いました。でも同時に、「それでも自分たちは戦場を伝えねばならない。多くの人は知らないのだ。どれほどに戦場が凄惨で残虐なのかを。もし知れば、誰もがもうやめると思うはずだ。でも多くの人は戦場に来ない。だから自分が撮る。撮って知らせる。世界から戦争を終わらせるために」とも言いました。後ろめたさは重要です。遺体の映像を封印して遺族の心情に配慮しましたと本気で思っているのなら、あなたはすぐにジャーナリストを辞めなさいと言いたい。「311」にはそんな思いをこめました。あまり説明すべきじゃないですね。まあ公開前には、想定内だけどネットでかなり罵倒されました。遺体を撮って金儲けしているとか鬼畜監督とか。

青木 ネットの罵倒なんて気にしても仕方ない。僕はもう見ません（笑）。ただ、メディアの仕事とはそういうものです。遺族や被害者の悲しみや絶望を、確かに食いものにしている。ただ、その全貌を描くことでしか悲しみや絶望は伝えられない。伝わらなければ、多くの人は真実を知らないまま通り過ぎてしまう。だからこそ、他人の不幸をメシのタネにしていることの後ろめたさを常に自戒しつつ、皮相な批判や罵倒などにめげず、全力で伝え続けなければならない。

その上で言うのですが、遺体を映すべきかどうかという話について、僕はかつて大手の通信社にいましたからメディア側に多少同情的に言えば、日本のマスメディアってマスすぎるところもある。常に数百万、数千万という単位の人を相手にするテレビのニュース番組なら、心臓の弱い人や子どもが見るかもしれない。ならばさすがに映さないほうがいいんじゃないか、という議論はありえる。

では新聞はどうか。欧米などと異なり、日本の全国紙は何百万という部数を抱え、それがいいことなのか悪いことなのかという議論は別として、宅配制度によって夥しい数の家庭に直接届けられている。となると子どもだろうが、心臓の弱いおばあちゃんだろうが、ペラペラとめくっているうちに見てしまうことだってある。ならば掲載しないほうが無難だ、という議論もありえる。あまりにもマスすぎるが故に、真実をボカしてでも、角を削ぎ落さなくてはいけないところもある。

ではいったいどうすればいいか。もう少し部数の少ない、たとえば写真誌であるとか、昔だったらグラフ誌のようなメディアが配慮しつつ写真を掲載するという手もあるし、テレビならば深夜のドキュメンタリーできちんと放送するという方法もある。問題なのは、そういう行為を目指して苦悶し、抗う意思すらなくなってしまったらしき現状です。たとえばバンコクにあるらしいけど、毎日死体ばかり載せている新聞があるでしょ。

森　新聞だけでなく、バンコクでは遺体の写真集が本屋に並んでいます。遺体に対する意識が少しだけ日本と違うようです。

青木　そういうメディアがあってもいいんだけど、現状の日本にはそれすらない。森さんが言う標識を立て、その内側にこもるうちに標識の数が増え、しかも標識の内側の範囲がどんどん狭まってきてしまっている。そして標識を破ると、妙なバッシングの対象になってしまう。

森　確かに本来は市場原理だから、みんなが遺体を載せないのならうちがやるみたいな雑誌などがもっとあってもいいんだけど、今は批判が一極集中的になっているから、萎縮の度合いが強くなっているのかな。『週刊現代』とかそれこそ得意の袋とじでやればいいのに。

青木　それはいくらなんでも不謹慎だって叩かれるでしょう（笑）。そうじゃなくて、もっと真正面から正攻法で問題提起する手だってあると思うんです。むしろ正攻法でやるべきテーマでしょう。メインのニュース番組だって、たとえば映像を流す直前に「これから遺体を含む映像が流れます。現場の真実を伝えるためですが、ご覧になりたくない方やお子様、心臓の弱い方などはテレビのスイッチを切るか、チャンネルを変えてください」と言ってから放映したっていい。

森　後藤健二さんや湯川遥菜さんの殺害映像も、テレビなどでは報道されなかった。まあ遺体の映像とは意味合いがまったく違うけれど、この場合はこの映像を出してしまうとＩＳのプロパガンダになる式の抑制も働いたのかな。

青木　あれは、あまりに悲惨なシーンが映っていることを自主規制しただけでしょう。プロパガンダという話で言えば、テレビ各局で若干のスタンスの違いがあったのが、ＩＳの犯行声明ビデオの放映の仕方です。ビデオ上の音声をそのまま流しつつ日本語訳のテロップをつけた局と、音声そのものを日本語で吹き替えて流した局があった。日本語に吹き替えた局には、犯行声明ビデオの中にＩＳの秘密メッセージが隠されているかもしれず、もしそうだったらＩＳを利することになる、テロリストに加担することになってしまうという判断があったそうなんです。

これもバカげた話です。そんなことを言い出したら、ビデオそのものの中にだって秘密メッセージが隠されているかもしれない。ならばＩＳなどというテロ集団のメッセージはすべて流さないほうがいい、そういう話になりかねない。ひょっとするとこれが新たな標識になって普遍化していってしまうかもしれません。

森　逆説的に言えば、表現においては適度な規制があったほうがいいんです。テレビというのは規制だらけでいいものがつくれないと言う人が今もたまにいるけど、表現って適度な規制があったほうが逆におもしろくなるんです。

ドキュメンタリーで言えば、中国では今、とても刺激的な作品がつくられています。ワン・ビンの「収容病棟」など一連の作品や、アリソン・クレイマンが撮った「アイ・ウェイウェイは謝らない」とか。ただし中国国内では公開できない。軍事独裁時代のミャンマーでも複数のジャーナリストやドキュメンタリストが命がけで撮った「ビルマＶＪ」という作品があります。ちなみに「ＶＪ」とはビデオジャーナリストのこと。最近ではインドネシアの虐殺を描いた「アクト・オブ・キリング」や「ルック・オブ・サイレンス」などが話題になりました。北朝鮮も「金日成のパレード」や「北朝鮮強制収容所に生まれて」とかヤン・ヨンヒの「ディア・ピョンヤン」に最近公開された「北朝鮮・素顔の人々」などいくらでもある。規制や弾圧によって表現は先鋭化します。ただしこの場合の条件はあくまでも外在的な規制か弾圧です。自主規制ならば話にならない。

青木　では現在の日本で絶対に規制が加えられるテーマとは何か。ほぼ絶対的タブーと化しているのは、皇室ぐらいでしょう。場合によっては一部の宗教団体とか、大手の広告代理店とか、莫大な広告を出す大企業なんかもタブーだけれど、身体にまで危害が及ぶことが想定されるのは皇室ぐらいです。

森　そういえば佐野研二郎さんの「エンブレム問題」、なぜどのメディアも電通を批判しないのだろう。『週刊新潮』くらいです。新国立競技場の問題も含めて、電通タブーって本当にあるのかと実感しました。でも皇室タブーが典型だけど、自主規制が本質です。

青木　そういう意味で言うと、タブーってほとんどないわけです。なのにどんどんと萎縮していく。カゴの中に押し込められている鳥だって、なんとか工夫してさまざまな表現をひねり出しているのに、大空を自由に飛べるはずの鳥が「自分たちの行動範囲はここまで」と勝手に決めて、その中に閉じこもっているようなものです。日本のメディアはそういう局面に入ってしまっている。

森　まさしくそうです。

組織としてのメディアとジャーナリズムという仕事

青木　僕は通信社の記者として、この仕事をスタートさせました。一つの会社にそれなりの期間いると、できることとできないことがぼんやりと見えてきてしまう。たとえば読売新聞なら自由の幅は相当狭いだろうけど、ウチはもう少し自由だからここまではできる、とかね。メディアの種類によってもそれは違ったりして、テレビや雑誌なら広告主やスポンサーはタブー。新聞なんかだと事件報道の情報源の検察組織がタブーだったり、

そういうとき、組織に属している個々の記者が社内で日々どれだけ抗うか、というのが最も重要になると同時に、どれほど社の壁を超えられるか、というのも大切になってくるんです。自社で報じるのが難しそうなテーマでも、情報源に迷惑をかける恐れを回避できるなら、他社の記者にネタを振ってもいい。雑誌の記者や編集者などに情報提供したり、自ら外部で原稿を書いたっていい。組織に属しつつも時には組織を超えて連帯し、摑んだネタや事実をなんとしても世に伝えられるよう工夫をする。組織に閉じこもってイジイジしてても仕方ない。

森さんはどうですか。あまり組織にいたことはないかもしれないけど。

森　一応、組織にいたこともあるけど、僕の場合はジャーナリズムの会社にいたわけじゃなく

て番組制作会社だし、今現在も僕は自分をジャーナリストだとは思っていない。だから、そういう意味では答えられないけど、想像で言えば、そんなに違いはないと思います。組織ジャーナリズムだから不自由で何もできないかというと、そんなことはまったくないですよね。むしろ逆です。どう考えても個人より組織のほうが資金力もあるしノウハウやデータも蓄積されている、青木さんもかつては共同通信の記者として北朝鮮を長期取材したけれど、フリーランスとなった今では、北朝鮮を長期取材するだけの資金力はないはずだし、組織のコネクションも使えない。

もちろん個人のメリットもあるけれど、組織のメリットのほうが大きいような気がする。組織でもしっかりと個を失わずにいる人ならば、無理にフリーランスになる必要はないんじゃないかな。むしろ僕みたいに流されやすいタイプは、組織を離れて個になったほうがいいんです。いい仕事をできるかどうかは別だけど。

青木　森さんが流されやすいかどうかは疑問だけど（笑）、組織のほうが有利なことは確かにたくさんあります。組織じゃないとできないことだって多い。そういえば最近、若い大学生などから「ジャーナリズムの仕事をしたいんだけれど、どうしたらいいか悩んでます。いろいろな話を聞くと新聞社やテレビ局はひどい状況らしいので……」なんて聞かれることがあるんです。そんなとき、僕は「新聞社でもテレビ局でもいいから、とりあえず一度は組織にもぐり込んでしまえ」って言うことにしています。

メディアやジャーナリズムの仕事って、地味な職人仕事みたいな面があるでしょう。取材のノウハウとか、原稿の書き方とか、一朝一夕にはなかなか身につかない。そういう点で、大手のメディア組織は「訓練の場」でもある。給料をもらえて取材手法や原稿の書き方を実地で学べるなんて、ある意味では最高の環境です（笑）。

別に組織出身者がすべてなわけではないし、僕みたいにろくでもないヤツもいるけれど、フリーのノンフィクションライターの世界には新聞やテレビ、出版社に出自を持つ人は昔から多い。逆に最近、ネット上でフリーのジャーナリストを名乗って活動している連中なんかがガセやデマを平気で振りまいているのを見ると、基礎訓練の大切さを痛感します。だから、可能なら組織にもぐり込んで学び、そして、組織内で精一杯に抗ってほしいと思う。現在のメディアの状況に絶望しているような若い学生にこそ、そうしてもらいたいと思うんです。

中には組織の居心地のよさに安住して、組織の論理に染まっちゃうヤツだっているでしょう。それはその程度のヤツだったということで仕方ないけれど、たいした覚悟もなくメディアの仕事に入るヤツより、強い問題意識を持ったヤツがメディア組織に飛び込んで現場に関わり、できるならば少しでも変えてほしい。そういうヤツが一人でも二人でも増えることでしか、メディア状況は好転しえない。逆に言えば、そういうヤツが少なくなればなるほどメディア状況は悪化していく。

一方でメディア組織の側も、組織あっての個ではなく、個あっての組織なんだという風潮をつくらなければならない。新聞メディアで言えば、記事にもっと「わたくし」性を出してもいい。かつては署名記事なんてほとんどなかったけれど、毎日新聞あたりが先駆けとなって、最近は朝日とか東京あたりも署名記事がどんどん増えてきているでしょう。

今さら言うまでもなく、いわゆる「中立公平な客観報道」なんていうのはありえないわけだから、この記事はいったい誰が書き、どういう問題意識を持っている記者で、取材の経緯なども含めて明示するようなコラムやルポがもっと増えるといい。その点、もしかしたら昔のほうがあったのかもしれませんね。本多勝一の民族三部作*1なんて、かなり強烈な形で「わたくし」性を前面に出したルポルタージュでした。

森　確かに一昔前のほうが、主観が出ていたかもしれない。たとえば袴田巖さん逮捕の際の新聞記事。一九六六年八月十八日付の毎日新聞紙面には、袴田さんが被害者家族を「まるで虫けらのように殺している」とか「袴田はとても常人のモノサシでははかりしれない異常性格者である」などと記されています。この段階でまだ起訴前ですよ。無罪推定原則なんて影も形もない。静岡支局長の署名入り。こうした報道で冤罪は行われたのかと納得します。

青木　それは悪い方向での「わたくし」性というか、最悪の主観提示ですね（笑）。

森　客観性は欠片もない。主観だからって感情や思い込みを剝き出しにしてよいとはならない。何よりもこの記者は自分で取材していない。この記事のソースはすべて警察からのリークです。それは正当な主観ではない。逮捕された容疑者の様子を伝えるときに盛んに使われた「朝食をぺろりと平らげ」と同列の慣用句です。こうした違和感を、最近は産経新聞に感じます。安全保障関連法の国会審議の記事だけど、野党議員が安倍首相に詰め寄った際の描写で、「まくし立てた」を頻繁に使うんです。少なくとも新聞の用語としてはアウトだと思う。「……と私は感じた」との記述と署名が最後につくのならぎりぎり容認するけれど。

青木　ええ。それでもあえて言うなら、署名記事になっていれば、ろくでもない記事を書いた記者が誰なのかわかる。わかれば、そんな記者の記事は読まなければいいんだし、あぁ、こいつはクズなんだと蔑むこともできる。組織記者だって玉石混淆なんだけど、誰の記事が「玉」で、誰の記事が「石」なのか、読み手の側で判断することができるわけです。

そもそもメディア組織を成り立たせているのが個々の記者なんだという大原則に立てば、組織そのものではなく、個々の記者がそれぞれに評価されるべきでしょう。そういう点で「マスゴミ」なんていう流行言葉、僕は大嫌いです。メディア組織が問題だらけなのは事実だし、それは当然批判されるべきだけれど、「マスゴミ」なんていう言い方でメディアを十把ひとからげにして一刀両断にするのは、単なる思考停止でしょう。そこから「マスゴミが報じない真実」なんていう発想が出てきて、挙げ句の果てにはデマやガセや謀略論に踊らされてしまう。

＊1　1932年生まれ。ジャーナリスト。京都大学探検部時代にヒマラヤ山脈からヒンドゥークシュ山脈奥地にかけての合同調査隊に参画。朝日新聞記者として、ベトナム戦争ルポ「戦争と民衆」など社会派報道に取り組む。朝日新聞を退職後、筑紫哲也、久野収らと週刊誌『週刊金曜日』を創刊し、現在同誌の編集委員。民族三部作とは『カナダ＝エスキモー』（朝日新聞社、1963年。現在は朝日文庫）、『ニューギニア高地人』（朝日新聞社、1964年。現在は朝日文庫）、『アラビア遊牧民』（朝日新聞社、1966年。現在は朝日文庫）。

同じ話で言えば、朝日だからどうだとか、読売だからどうだとか、NHKだからどうだとか、一種のレッテルを貼って批判するのもあまり好きじゃない。それって結局、メディア組織を組織として見ることを肯定するようなものでしょう。もちろん組織にはそれぞれの傾向や特色があって、独裁的経営者に牛耳られてしまったどうしようもない組織もある。その傾向については批判すべきだけど、個々の記事は個々の記事で評価し、いい記事を書く記者は応援すべきです。

最近、ちょっといいなと思うのは、毎日新聞が「ストーリー」という大型企画を少し前からスタートさせているでしょう。新聞としては異例のボリュームでさまざまなテーマを現場ルポルタージュで描き、読ませる。当然ながら署名記事で、記者の略歴や写真なども明記されている。朝日も編集委員や論説委員のコラム欄を充実させているし、東京新聞の特報面などは、記者の署名記事に加えて「デスクメモ」が添えられていて、記者を差配するデスクの思いや狙いを読み取ることもできる。いずれも組織の論理ではなく、記者の「わたくし」性です。

森　ジャーナリズムは個が主体です。個が現場で感じた怒りや悲しみを文字や映像に加工しながら伝えること。組織を主語にしては怒りや悲しみの述語が消えてしまいます。

青木　そのとおりです。

森　本多勝一や斎藤茂男がやっていたのは、ジャーナリズムというより、むしろ現場をベースにした「わたくし的」ルポルタージュだったのかもしれない。

青木　まさに個の問題意識が昇華したルポルタージュです。

森　でもマスになればなるほど、組織が優先されて個がなくなる。テレビ時代につくった「放送禁止歌」とか、たまに上映したいとオファーが来るんだけど、それは僕には決められません。言うしかない。

経営の論理とジャーナリストの使命

青木　森さん、「放送禁止歌」のディレクターですよね。

森　そうですよ。でもディレクター個人には著作権は一パーセントもない。日本の場合は大手の映画もそうだけど、ディレクターや監督に著作権は認められていない。主体は法人なんです。つまり個人の権利を認めない。

もう一度言うけれど、表現やジャーナリズムの骨格は個です。ペンタゴンペーパーズやウオーターゲート事件などのスクープは、組織ジャーナリズムの勝利です。でもあれも結局は、シンクタンクの一員としてペンタゴンペーパーを執筆したスタッフの一人で内部告発したダニエル・エルズバーグや『ニューヨーク・タイムズ』のニール・シーハン、あるいはニクソン政権の不正行為を執拗に追及した『ワシントン・ポスト』のボブ・ウッドワードとカール・バーンスタイン、そして二人に情報を提供した元FBI副長官のマーク・フェルトなどがいなければ、スクープは世に出なかった。重要なのは箱じゃない。中身です。

個が強ければ強いほど、当然ながら組織とのあいだに摩擦や軋みが発生します。その摩擦や軋みが大事なんです。でも日本のメディアの場合には、この摩擦や軋みがとても小さい。つまり個が組織に簡単に回収されすぎてしまっている。

署名記事はそれに抗う流れだと思う。ただし署名記事は増えているけど、全体の流れとしては、個が集団に埋没する傾向が加速している。それが日本のジャーナリズムの一番大きな問題点じゃないかと思います。

青木　ええ。紙面上に署名記事は増えてきているけれど、いわゆる社の壁は以前より高くなっているのも事実です。先ほど申し上げたように、社外での書籍執筆などは、契約の主体を記者ではなくて組織にせよ、なんていうバカげた風習が蔓延しつつある。書籍印税などを社がピンハネするのも当たり前になっています。
少し前は違ったんですよ。僕が『日本の公安警察』などを書いたのは通信社の記者時代でしたが、契約の主体はもちろん僕個人だし、印税のピンハネだって一文もなかった。それが当たり前だと思っていたんだけど、最近は個の仕事を組織が回収しようという方向に動いている。ひょっとすると新聞社の経営が長期低落傾向にある中、個々の記者の仕事も経営リソースとして回収するんだ、とでも考えているのかもしれないけれど、この弊害は大きい。そうしたムードが蔓延しているせいか、今も社外執筆が比較的自由なのは、毎日とか産経ぐらいで、読売や日経になると相当に難しいらしい。知り合いの記者たちも、社外でさまざまな活動をするより、社内の内向きな論理が強まっているように見えます。

森さんが言うように、ジャーナリズムの核心は個にある。逆に言えば、組織を基準としている限り、最終的に待っているのは敗北です。所詮は営利企業体である組織が、さまざまな圧力や試練に勝てるはずがない。経営の論理が優先されれば、いち早く屈従して膝を折るのが得策なわけですから。

森　普通の業態なら、たとえばエアコンをつくるとかトラック輸送とかの企業なら、リスクヘッジや危機管理は重要です。でもメディアは健全な企業とは向きが違う。時には火中の栗を拾わなければならない。危機管理原則を無視したり、あえて効率の悪いこともしなければならないときもある。だってジャーナリズムなんだから。

青木　おっしゃるとおりです。でも、そういう部分は詰まるところ個が支えるしかない。僕が駆け出し記者の頃は先輩記者から滔々と説かれたりしたものなんですけどね。この仕事は、普通の仕事とは違うんだって。

もう少しだけ社外執筆の話をすれば、斎藤茂男さんが取材チームを率いて共同通信で連載した数々の秀作ルポは、最終的に何冊も書籍になっているでしょう。聞くところによると、当時、連載の取材段階から出版社の編集者が斎藤さんたち取材チームの部屋に出入りしていたというんです。外部で書籍化することも視野に入れながら取材し、執筆していたということでしょう。今だったら、おそらくそんなことありえない。

陳腐な言い方だけど、自由の幅が今よりもずっと広い。組織に属しているジャーナリストではあるんだけど、個として動ける裁量の幅みたいなものがずいぶんあった。

森 少し話のレベルが違うかもしれないけれど、一昔前の共同通信社、虎ノ門に社屋があった頃ですが、本当に雑然としていてデスクの下にはファイルや紙くずやウイスキーの空瓶などが転がっていて、タバコの煙は立ちこめていたし、ジャーナリズムの最前線という雰囲気が濃厚でした。でも汐留に移ってからはそんな雰囲気が消えちゃった。そもそも出入りも簡単じゃないし。前は自由でしたよ。まあ汚いほうがジャーナリズムらしいという感覚がノスタルジックな感傷でしかないことは承知していますが……。

青木 そうですね。昔はよかったと言っても詮ないけれど、僕も虎ノ門の社屋の雑然とした雰囲気は好きでした。編集局がある階のエレベーターを降りると、正面に「長時間労働の解消を！」って大書された組合の横断幕が掲げられていて。でも、記者たちは薄汚れた編集局を拠点に連日連夜、長時間労働にどっぷりひたって、今よりずっと強かった組合はストを打つ。編集局幹部にも平気で罵声を浴びせたし、矛盾だらけだけど活気があって、少なくとも今よりはずっと自由が横溢していたように思います。

昔のテレビと今のテレビ

森　テレビ報道もオウム以降は大きく変わりました。たとえばモザイク。オウム以前はめったに使わなかった手法です。もちろんあることはあったけれど、使うときはぎりぎりの選択です。安易に使ったら先輩ディレクターにみっともないことをするなと叱られました。AD時代、編集を終えて納品した番組が夜中にオンエアされるので、ディレクターとスタッフルームで待機していました。その番組がはじまった瞬間に地震が起きた。同時にディレクターは絶叫しながらテーブルを蹴り倒した。なぜなら地震速報がテロップで映像に入るからです。「俺たちの仕事は映像表現なんだからテロップなんかで絶対に汚したくない」。当たり前の感覚です。だから現場でも、話だけならOKだけど顔出しはNGと言う人がいたら、必死に説得します。関係性をつくります。今は違う。最初からモザイク前提。だから喋るほうも適当なことを言ってしまう。

地下鉄サリン事件以降、テレビは朝から晩までオウム特番ばかりでした。でも幹部や事件に関与した信者たちはほぼ逮捕されているから、撮れるのは一般信者です。ということは一般市民でもあるわけで、隠し撮りはしたけれどさすがに顔まではさらせない。だからモザイクを使わざるをえない。それが日常になる。やがてモザイクの効果に皆が気づきはじめる。ネガティブな人や場所だとの意味をモザイクが強調してくれる。潜入モノなどでは臨場感も出せる。現場のインタビューなどの効率も上がるし、放送後に面倒なクレームも少なくなった。こうしてタガが外れます。

一例としてモザイクを挙げたけど、オウムをきっかけにして、善悪二元化とか被害者遺族の偏重とか、明らかにテレビ報道の質は変わりました。それは活字でも同じじゃないかな。

青木　そうかもしれません。

森　最近、車のナンバープレートからモザイクが消えました。これはすごいと思っていたら、最近システムが変わって、ナンバープレートから住所など個人情報を割り出せなくなったからとのことでした。要するに行政から「出してもＯＫ」というお墨付きをもらったのでナンバープレートのモザイクを外しはじめた。がっかりです。

テレビのドキュメンタリーとかで食事のシーン、テーブルの上はモザイクだらけです。あれほとんどビールです。つまりラベル。キリンビールがスポンサーの番組でサッポロビールがテーブルにあれば、ラベルにモザイクかけるのは百歩譲って仕方がないとしても、トヨタが提供している番組なのになぜビールにモザイクかけるのか、僕にはさっぱりわからない。

青木　こんな風潮がどんどん広がっていくと、なんにも映せなくなるんじゃないですか（笑）。個人情報保護法などの悪影響なんかもあるし。たとえば、渋谷のスクランブル交差点に各局が設置している情報カメラってあるでしょう。お天気ニュースのときなんかによく流されるけど、円山町あたりのラブホテルから出てきた不倫カップルだって映っているかもしれない。そんなのを流して訴訟でも起こされたら大変なことになるから、そのうち全面的にモザイクがかけられたりして（笑）。

森　テレビ業界では有名な話があります。パ・リーグの試合中継で外野席を映したら不倫のカップルがいて……。

青木　ああ、そんな話、聞いたことがあります。キスをしていたとか抱き合っていたとか、そんなところも映っちゃって……。

森　うん、それが職場の上司と部下みたいな、ダブル不倫だったらしい。二人が外野席にいたのをたまたま映してしまって騒ぎになって、結局はどっちかが自殺したとかしないとか、まあ半分は都市伝説みたいな話です。とにかくそれ以降、東京駅なんかで街の雑景を撮るときは必ず足下だけという時期がありました。でもしばらくすると忘れてしまう。また何か事故が起きれば、あわてて足下だけを映すようになるんじゃないかな。

青木　まさに森さんの言うイソギンチャク。刺激されると慌てて閉じて、時間が経つとだらだら開く（笑）。

森　まさしく。大相撲中継はどうするんだっていつも思うけれど、あれは撮られることが前提だからいいんだって説明されました。本当かどうかはわからないけれど。

青木　オウム事件をめぐるメディア的な教訓で言うと、もう一つあったのはオカルト問題ですよね。超常現象とか心霊現象とか血液型や誕生月の占いとか、ありもしない非科学的な情報をもっともらしく仕立てたテレビ番組がたくさんあって、それがオウム的な非科学的カルトを増長させる温床になったと批判され、テレビからそういう番組がかなり駆逐されました。でも、徐々に戻りつつあるようにも見える。朝の情報番組では、誕生月占いなんて類のものが平然と放送されていますからね。

森　もう完全に戻っていると思います。

青木　一方でタブーに斬り込むようなテレビ番組は皆無に近い。「朝まで生テレビ」に出演したんです。テーマは暴力団排除条例の功罪でした。僕だってヤクザや暴力団を肯定するつもりなんかはないけれど、警察官僚の主導によって各地で整備された暴力団排除条例はとんでもない代物です。東京都の条例の場合、「基本理念」として「暴力団を恐れない」「暴力団に資金を提供しない」、そして「暴力団と交際しない」なんて書かれている。バカな話です。誰と交際するかしないかなんてことを、お上にあれこれ指示されたくない。まるで母親の小言。だいたい、暴力団排除を訴える警察の主張の裏には、警察権益の拡大という思惑があって、実際に警察OBの天下りは急増しているんです。

だから僕は番組の中で、条例の問題点を指摘しました。ただ、おかしなことに、一方の当事者である暴力団側が番組に出演していない。司会の田原総一朗さんに聞いたら、暴対法が問題となった九〇年代の前半には、現役の暴力団組長も番組出演させられたんだけど、今は完全にNGなんだそうです。まさに「交際するな」っていう条例がメディアにまで適用されてしまっている。それじゃあ本当のことなんか伝えられない。

森　つい先日も、暴力団員が銀行から口座を騙し取って逮捕されたとの報道がありました。表面的にニュースを聞けば、まるでこっそり通帳を盗んだように思ってしまうけれど、要するに暴力団員であることを隠して銀行口座をつくったということです。だって暴力団の構成員とわかれば、銀行は暴対法を理由に口座をつくってくれないのだから。でもならば、暴力団の構成員はローンも組めないし、子どもの学校の給食費や授業料の引き落としもできなくなる。反社会的存在だから当たり前だと言う人には、反社会的存在ではあっても人権を剝奪してよいのかと言い返したい。

田原総一朗さんがテレビ東京時代に撮ったドキュメンタリーのほとんどは、今だったら番組制作者すべてが公序良俗違反とかで逮捕されて当たり前みたいな内容でした。しかもゴールデンタイム。田原さんに凄いですねと言ったら、あれはテレビ東京だからできたって（笑）。テレビ東京だろうが何だろうが電波は電波です。あの頃には田原さん以外にも牛山純一[*1]さんや大島渚[*2]さんや木村栄文[*3]さんたちが、今ではありえないような不道徳で行儀の悪いドキュメ

＊1　1930～97年。ドキュメンタリー映像作家、日本テレビプロデューサー。「日立ドキュメンタリー すばらしい世界旅行」などを制作。

＊2　1932～2013年。映画監督。京都大学卒業後、1954年に松竹に入社。『日本の夜と霧』『愛のコリーダ』『戦場のメリークリスマス』など多数監督。日本テレビ「日立ドキュメンタリー すばらしい世界旅行」では「南アフリカの旅 黒人国家誕生」を牛山純一と共同監督。

＊3　1935～2011年。テレビディレクター、プロデューサー。水俣病を扱った「苦海浄土」、筑豊炭鉱を描いた「まっくら」、藤田嗣治と坂本繁二郎の生涯を描いた「絵描きと戦争」など多数のドキュメンタリーを制作。

ンタリーを当たり前のようにつくっていました。時代と言ってしまえばそれまでだけど。

青木　時代も大きいけれど、時代や社会の変質に加え、つくり手の側の変質は間違いなくあるでしょう。僕は今、あるテレビ局元幹部の評伝を書こうと思って取材しているんですが、かつてのテレビっていうのはメディア界の外れ者というか、有象無象の連中が集まる怪しげな新興メディアだった。映画崩れとか、学生運動崩れとか、作家崩れみたいな連中が集まって、悪く言えばデタラメというか、よく言えばアナーキーというか、そんな雰囲気が横溢していた。

学歴だって、別に重視されなかった。というより、大学中退とか二流大出身の連中がうようよしていた。しかし今は違う。最近のテレビ局員はおしなべて超エリートです。一流大学の出身者ばかりで、東大や京大の出身者だって珍しくない。別に学歴なんかどうでもいいんだけど、かつてのような外れ者ではなく、秀才のエリートが主流になると、どうしたってアナーキー性は薄れてしまう。

森　テレビの黎明期は、当然ながら生え抜きのスタッフはいないわけですから、既存のメディアだった系列ラジオ局から移動させられたんです。みんな怒ったらしい。テレビなんかやりたくないって。つまり吹きだまりです。だからアナーキーでアヴァンギャルドでおもしろかった。

青木　僕はラジオでも仕事をしているんですが、今はラジオがいいですよ。巨大なマスメディアというよりミドルメディアという趣が強まって、テレビなんかより遥かに自由です。テレビのコードの百分の一とは言わないけど、十分の一くらいのコード。何年か前までTBSラジオに「dig（ディグ）」っていう番組があって、僕も一年間、パーソナリティを務めました。午後十時から二時間の深夜番組で、ひとことで言えばニュース解説番組なんですが、たとえば先ほど話した暴力団排除条例などの問題点を取り上げたことがあったんです。ゲストは誰だったかと言うと、「キツネ目」の作家・宮崎学さんと民族派団体・一水会代表の木村三浩さん。テレビだったら絶対に無理です。別のときには死刑問題を取り上げて、弁護士の安田好弘さんに一時間以上もじっくり話してもらったこともある。それも二回も（笑）。これもテレビじゃ無理だけど、ラジオならばできた。TBSラジオのスタッフの度量の広さもあるんですが、妙な縛りから自由なのは、ラジオというメディアの昨今の状況が生み出した特性でもある。

やっぱり、あまりにマスすぎるとできないことが増えるんです。しかもテレビは高学歴のエリートが仕切るお行儀のいい組織になってしまった。

森　テレビは一分ごとに視聴率が出る。ここで青木が発言したら、数字が下がったからもう使うのやめようかとか、それでみんな判断しちゃう。ラジオはそれがない。レイティングの計測は聴取率週間だけでしょう。だから市場原理から取り残されている。

青木　そうですね。しかもアンケートで尋ねるアナログ方式。

森　要するに、さほど売り上げを気にしなくていいから自由にできる。テレビにも例外はあります。ＮＨＫです。市場原理から解放されているはずです。でも今はだいぶ事情が違う。系列の会社をたくさんつくってしまった。ＤＶＤ販売とか番組の二次使用三次使用を業務にする営利企業です。その会社に職員の多くは天下りするわけで、結果的にはどんどん数字を上げなければいけない、話題性をつくらなきゃいけないということになってしまう。

でもそもそも、会社の論理は別にして、つくり手としては一人でも多くの人に見てほしいんです。僕だってそうですよ。スポンサーどうこうじゃなくて、単純に数字が上がればうれしいし、それは絶対に否定できない。まあＮＨＫの場合は少なくとも、特定のスポンサーや財界の思惑などは気にしなくてよいのだけど、予算を握られている政権与党の顔色をどうしても見てしまう。ここが同じ公共放送であるＢＢＣとの決定的な違いです。ＢＢＣは平気で政権と喧嘩しますから。しかし今のＮＨＫは、……どうしようもないですね。会長があれですから。特に報道がひどい。がんばっている記者はいますよ。でも少数です。総体としてはどうしようもない。制作はがんばっているけれど……。

テレビが許容する言論の自由

森　青木さんは「モーニングショー」の他にも、テレビのコメンテーターをレギュラーでやっていますよね。

青木　いくつかやっていますが……。そういえば最近、「ミヤネ屋」はクビになりました。ご存知のとおり、大阪の読売テレビが制作していて、日本テレビを含む全国ネット。この一年半ほど、月に二回の準レギュラーコメンテーターだったんだけど、どうして僕みたいなのが出られるのかと不思議に思っていたら、案の定です（笑）。それとなく聞いたら、親会社の読売新聞をはじめとする上層部から「なんであんなヤツを出しているのか」っていう圧力がかなりあったみたいですね。一部のプロデューサーたちは守ってくれていたらしいんだけど、それが代わったら僕もクビ。まあ、どうでもいい話ですが（笑）。

そういえば、「ミヤネ屋」でメインMCをやっている宮根誠司さんって、その評価は別として、テレビをよく知っているなぁと感心したことがあります。番組で「報道ステーション」（「報ステ」）の圧力問題[*1]を取り上げたとき、宮根さんが僕たちに「圧力ってあるんですかね」って聞いた。本人が一番よく知ってるくせにね。余談ですが、一緒に出演していた読売新聞の特別編集委員は「僕はこの仕事、何十年もやっているけど、圧力なんて感じたことないなぁ」って言い放ったんです。それはよっぽど鈍感なのか、よっぽど仕事をしていないか、それとも圧力なんて受ける必要もないほどの御用記者だからでしょうと言ってやりたかったけど、さすがに我慢して

＊1　2015年3月27日、テレビ朝日「報道ステーション」にて、コメンテーターとして出演していた古賀茂明元・通産（経済産業）省官僚が、イスラム国による日本人拘束事件に関する報道に関して、官邸から圧力があったと発言。メインキャスター古舘伊知郎と意見が対立。番組を降板した。

（笑）、「あるにきまってるじゃないですか」と僕は言った。「それほどストレートじゃなくても、陰に陽に圧力はある」って。その上で「宮根さんもそう思うでしょ」って返したら、「僕はヤバそうだったらすぐに逃げますから」とかなんとか笑いをとった上で、こういう趣旨のことを言ったんです。「テレビっていうのは甘噛みメディアだ」って。それを肯定するわけじゃないけれど、なるほど、うまいことを言うなぁと思いました。

森　プロレスだ。でもプロレスには「セメント（真剣勝負）」が混じります。

青木　プロレスかどうか知らないけど（笑）、今のテレビの本質を突いているのは間違いない。

森　そのテレビにこれだけ出ているんだから、青木さんも甘噛みやってるんだ。

青木　僕はバカなので、その加減がわからない（笑）。でも、いつも本気で噛み続けたら、それはお呼びが掛からないでしょう。森さんだってテレビに出るからわかるはずです。少し前にはNHKに出ていたし。

森　たまーにね。基本、お呼びがかからない。

青木　テレビが許容する言論の幅は今、圧倒的に狭くなってますからね。

森　ワイドショーはまだ生だから多少は幅があるけど、収録番組はダメです、特に民放は。今は基本的には断ります。あとはディレクターやプロデューサーが信頼できるかどうかで決めます。それでもけっこう裏切られたけれど。

青木　僕も絶望することは多いけれど、あの影響力は決して侮れない。中でもワイドショー系の情報番組は、いつも事件報道を熱心にやった挙げ句、最後は「日本の治安はいつからこんなに悪くなってしまったんでしょうか」といった事実誤認コメントで平然と締めくくってしまうことがある。しかも影響力はケタ違い。僕がそれほどたいした役目を果たせているとは思わないけれど、そういう点でのストッパー役は絶対に必要です。それにテレビの現場でも、歯を食いしばってがんばっているプロデューサーやディレクターもいる。

森 テレビの批判ばかりしているけれど、それはかつて自分がいた場所であるということと、影響力がいまだに半端ではないからです。テレビには他のメディアにない強力なアドバンテージがあります。それは見る側を選ばないという点です。たとえばこれが映画なら、観客は内容をある程度知った上で劇場に足を運びます。でもテレビは不意打ちできる。マーケットを選択しない。これは大きな媒体特性です。

日本の新聞は世界でも珍しい宅配制度で成り立っている。つまりマーケットが完全に固定されている。今日は朝日で明日は読売という人はまずいない。産経は産経の読者がいて、毎日は毎日の読者がいる。だからどうしてもマーケットの好みや嗜好に、媚びるとまでは言わないけれど合わせてしまう。産経が最近は野党議員に対して「まくし立てた」という言葉を使うと前に言った（二一一頁）けれど、産経の読者はこの記述に違和感を持たないわけです。むしろなんとなく溜飲が下がる。でもテレビはそれができない。「俺はテレビ朝日だけだ」とか「私は朝から夜中まで日本テレビよ」という人はまずいない。みなリモコンを片手に番組をサーフィンします。だから固定したマーケットをつくれない。これはとても大きなアドバンテージだと僕は思います。なぜなら主義主張が違う人にも意見や見解をぶつけることができる。ところが現状のテレビの場合は、せっかくのアドバンテージを駆使できず、逆に萎縮する方向になってしまっている。主義主張が新聞ほどはっきりしていない。曖昧にお茶を濁してしまう。

青木　でも、テレビがあんまり主義主張しはじめると、まったく逆の方向に暴走をはじめそうで怖い（笑）。これも読売テレビだけど、「なんとか委員会」なんて典型でしょう。首都圏で放送されていないのがまだ救いだけど、相当にひどい内容です。

　それでも、かろうじてがんばっている番組だってある。いわゆる報道番組じゃないけれど、ＴＢＳの「サンデーモーニング」なんかは現在の民放番組の中では相当に良質でしょう。

森　あとは「報道特集」。「報ステ」や「ＮＥＷＳ23」も五本の指には入る。「ニュースウオッチ9」は大越健介さんがいなくなってから、明らかにボルテージは落ちたけれど、自民党の議員が百田尚樹を呼んでの勉強会[*1]で「マスコミを懲らしめる」などと発言したとき、河野憲治キャスターは「報道の自由、表現の自由は、言うまでもなく民主主義の根幹です」とカメラを見つめてこの勉強会を厳しく批判した。あれは評価したい。でも国会審議が大詰めになった頃から、台風情報ばかりを優先的に報道しはじめた。テレ朝とＴＢＳにしても、「報ステ」の古舘伊知郎《ふるたちいちろう》さんと「ＮＥＷＳ23」の岸井成格《きしいしげただ》さんが相次いで番組から降板することが、つい最近発表されました（二〇一五年十二月二十四日）。裏事情はわからないけれど、この時期にテレビ報道におけるリベラルの牙城を守っていた二人が立て続けに降板するのであれば、政権からの圧力が働いたと考えるなと言うほうが無理です。

青木　政権からの直接的な圧力があったのかどうか、それによる降板かどうかはともかく、政権や政権の提灯持ちの連中が「報ステ」や「ニュース23」を目の敵にしていたのは間違いありません。岸井さんに対しては、政権の提灯持ち連中が異常な意見広告まで出して攻撃していたし、「報ステ」の古賀さん問題でも自民党はテレ朝幹部を呼びつけました。他のニュース番組がどうでもいいような情報ばかり垂れ流し、時には政権ヨイショにまで走っている中、両番組はかろうじてファイティングポーズをとっていた。メディアとしての役割は果たそうとしていた。今回、古舘さんと岸井さんが降板することで、政権監視こそがメディアの仕事なんだという至極当たり前の原則が一層後退しかねないことは、僕も深く憂慮しています。

でも考えてみれば、かつては両番組をアンカーとして率いていたのは久米宏さんと筑紫哲也さんですよ。二人は今よりもっと辛辣でもっと鋭い政権批判をしていました。それに比べれば古舘さんも岸井さんもおとなしい。僕と同じ新聞業界出身の岸井さんだって、僕のような社会部系のヤサグレ記者から見れば、毎日新聞の政治部長や主筆まで務め、いわ

＊1　2015年6月25日、自民党の国会議員らが開催した「文化芸術懇話会」にて、講師の百田尚樹は「沖縄の二つの新聞はつぶさないといけない」と発言。参加した議員からは、安保法案を批判する報道に関し「マスコミをこらしめるには広告料収入をなくせばいい。文化人が経団連に働きかけてほしい」などという発言までなされた。

ば政治報道の保守本流を歩んできた人です。政治思想的にも、せいぜいが保守リベラル。そんな岸井さんや、ましてや古舘さんまでが攻撃の的や期待の対象になるなんて、むしろ世の中のほうがいかにおかしくなっているかの証左でしょう。ごく良識的な情報番組だったはずの「サンデーモーニング」にしたって、陰に陽にいろいろ攻撃されているようですから。

森　数字は悪くないんですよね。

青木　もちろん悪くない。ＴＢＳの番組ではトップクラスでしょう。ただ、だからこそ影響力が大きいこともあって、ネトウヨ的な連中が粘着的に批判や抗議をしてくるんじゃないですか。ＴＢＳの株主総会でもそんな声が出た、っていう話を聞いたこともあるくらいです。

森　それ、株主が言うことかな。もう一つコメントしておきたい。二〇一五年七月十七日の「モーニングバード」（二〇一五年十月から「モーニングショー」）です。安全保障関連法案の衆院通過を受けて、番組ゲストに自民党の佐藤正久議員を呼んで、レギュラーコメンテーターの吉永みち子さん、玉川徹さん、長嶋一茂さんに司会の赤江珠緒さんも加わって、佐藤議員に法案の不備や強行採決の欺瞞など、とても明確に質問して追い詰めていた。途中から佐藤議員は完全に逃げていましたね。質問に答えない。なんだか国会審議の安倍首相とよく似ている。番組終了後にツイッターで、「玉川さんは社員？　評論家？　不明だが、徴兵制に前向きなのか」とか「テレビ朝日は徴兵制に前向きなのか？　疑問を感じた」などと書いていたけれど、なんで前向きと解釈するのかわからない。向きが一八〇度違います。おそらくネットでは罵倒されていると思うけれど、「モーニングバード」はがんばっている。そう感じました。

青木 ええ。テレ朝の情報番組は、まさに玉石混淆の面はあるけれど、メディアとしての基本的な原点は忘れていないと思います。いろいろ問題はあるけれど、権力に抗うのが使命だという空気は残っている。はたしてこれがどこまで続くか。続かないと困るし、僕も多少協力できればいいと思っているんですけどね。

メディアに対する政権の圧力

森 安倍政権のメディアに対する圧力、あるいは干渉が目につくけれど、古賀茂明さんの「報ステ」の発言（二二五頁）、青木さんはどう思いましたか。

青木 うーん……、難しい。少し本筋から離れるけれど、なんだか不条理だなぁ、とは感じましたよね。先ほども話したように、今の地上波のテレビメディア、ニュース番組や報道系の番組の中で、かろうじてファイティングポーズをとっているのって「報ステ」と「NEWS23」と「報道特集」、それに「サンデーモーニング」くらいしか見当たらないという状況下、「報ステ」があゝいう形で槍玉に上がってしまうのは、どう考えても不条理でしょう。たとえば夕方のニュースの各局の番組、日テレとかフジとか、各局ともおおむねそうだけれど、本当に毒にも薬にもならない、どうでもいい「情報」を延々と垂れ流している。それどころか、政権ヨイショみたいなことを平気でやるニュースや情報番組もある中、多少はファイティングポーズをとっている「報ステ」であういうことが起きる。すると、ファイティングポーズをとるとこういう目に遭うんだっていうムードが広がって、突っ張って損するんだったらやめようよ、とか、無難な線で安全運転したほうがいいじゃん、という方向に流れてしまいかねない。だから不条理だなって思うんです。

森　確かにね。やるのなら日テレやフジテレビのニュース番組でやるほうが、まだ意義はあった。

青木　でも、そんな番組が古賀さんみたいな人を出すわけない。それも不条理なんです。古賀さんに発言の機会を与えていた番組に、ああいう形で最後通牒を突きつけるのがいいことなのか、どうなのか。僕は内情がわからないから軽々に言えないけれど、トンがろうとしている番組で演者があういうことをするのは、スタッフが正面からの激風に耐えようとしている中、後ろから鈍器で殴るようなものじゃないかなぁとも思ってしまうんです。

森　そのへんはまったく同意ですね。あとはまあ、テレビとしてあんなおもしろい見せ物はないわけで。かつて村木良彦[*1]さんや今野勉[*2]さんたちがテレビを称して、「おまえはただの現在にすぎない」という名フレーズを残して同タイトルの本も刊行したけれど、それを強く実感しました。しかもバラエティでもなければ教養番組でもなくて報道なんだから、現在進行形のハプニングが要素になるのは当然です。単純に第三者的にはおもしろかった。

ならば第三者として、古賀さんが言った「圧力」をどう定義すべきか。古賀さんの定義とは違うかもしれないけれど、僕は明確な圧力はないと思ったほうがいいとの意見です。逆に言えば、政権からの圧力はいつだってある。彼らはメディアを思うようにコントロールしたいんです。世界中どこだって、そしていつの時代も、政治権力からメディアへの圧力はある。だからこそ問われるのはメディアの対応です。ＢＢＣとか『ワシントン・ポスト』とか、みんな当然のように政府と喧嘩をします。日本のメディアはそれができない。

古賀さんの糾弾すべき相手は、圧力に安易に膝を屈してしまうメディアです。政権なんて相手にしても仕方がない。「うるさいバーカ」と言えばいい。憲法二一条と放送法一条と三条をしっかり読めと答えればいい。暴力団のチンピラは市民に対して凄むんです。それを批判しても仕方がない。毅然と対応すれば凄めなくなります。……まあちょっとばかり理想論だけど、でもその方向で捉えるべきだと思う。

青木　うーん、半分同意、半分不同意かな。日本のメディア状況がひどすぎるのは同意するけれど、欧米メディアが常にそれほど果敢に喧嘩しているとも思わない。また、圧力に安易に膝を屈してしまうメディアを糾弾すべきだというのはまったく同意します

＊1　1935 〜 2008 年。1959 年、ラジオ東京（現 TBS）に入社し「ハノイ、田英夫の証言」などを手がけた。1970 年、映像プロダクションテレビマンユニオンを設立。著書に『お前はただの現在にすぎない――テレビになにが可能か』（萩元晴彦、今野勉と共著、朝日文庫、2008 年）。

＊2　1936 年生まれ。演出家、脚本家。1970 年、TBS を退社し村木らとともにテレビマンユニオン設立。

が、あくまでも対峙すべきは公権力です。そういう中、あれほど子どもっぽいと言ったら失礼かもしれないけれど、自爆テロに近いような抵抗の仕方でいいのかとも思う。結果的につけ込まれてしまったわけでしょう。

森 アメリカのイラク侵攻の際、政権が主張する「イラクが大量兵器を保持している」との大義を、アメリカのメインストリーム・メディアのほぼすべては追認しました。つまり政権とは喧嘩しなかった。でも自分たちの過ちに気づいた後は、『ワシントン・ポスト』や『ニューヨーク・タイムズ』などクオリティペーパーも含めてほとんどのメディアが、自分たちの過ちを認めて検証しました。同時にブッシュ政権への批判もはじめます。アメリカはこれができる。揺り戻すんです。

翻って日本はどうか。イラク侵攻を応援すべきと旗を振っていた読売や産経は、主張した識者やジャーナリストたちは、どの程度に自分たちの過ちを認めたのか。検証したのか。だってこの過ちが世界に与えたダメージの大きさは、従軍慰安婦問題の比ではないはずです。多くの人が死にました。今も死に続けています。

メディアは政権に対してどのように振る舞うべきか。そしてどのように距離をとるべきか。二〇〇一年にETVの従軍慰安婦についての番組に対して、当時の安倍内閣官房副長官と中川昭一経産大臣がどんな圧力を加えたのかを思い出すべきです。[*1] あのとき安倍議員は、「「公正中立にやれ」と言っただけだ」と弁明しました。だから圧力ではないと。でも権力の中枢にいる政治家が「公正中立にやれ」とメディアに対して言えば、それはすなわち現状は「公止中立ではない」と言っているに等しいわけで、これはもう立派な圧力です。

でも最大の問題は、わざわざ安倍議員と中川経産相がいる議員会館まで出向いて、「いかがでしょうか」とお伺いを立てたNHK側にあるわけで、その段階でメディアの敗北なんです。

僕は何かと安倍首相に目くじらを立てているように思われるかもしれないけれど、別に個人的な恨みなどない。居酒屋で会えば、けっこう気が合うかもしれない。でも国会議員として、これまで彼が言ったりやったりしてきたことは、それはまさしく今回の安全保障法制も含めて、まったく同意できないことばかりです。特にメディアに対しては。根本的な勘違いをしているとしか思えない。あるいは無知なのか。

いずれにせよ、古賀さんの発言がきっかけになって、むしろ逆の呼び水になってしまっているのであれば、それは残念で不幸なことだなと思います。

青木　安倍や中川の件について僕は、あれはまさに明確な圧力だと思いますよ。それ以外にも、圧力の形態はいろいろある。さらに言うなら、先頃の朝日バッシングだって、どう考えても官邸がしかけていることがいくつかある。情報を持っている側はとてつもなく強いんです。

たとえば、朝日新聞が福島第一原発の故・吉田昌郎所長の調書をいち早く手

＊1　2001年1月30日、ETVシリーズ2001「戦争をどう裁くか」「問われる戦時性暴力」が二夜にわたって放映された。放送前に与党政治家の発言によって内容が変更されたことが明らかになり、注目を集めた。

に入れ、二〇一四年五月二十日の朝刊でスクープした「吉田調書」問題[*1]です。あの記事をどう評価するかはいろいろな議論があるけど、政府が非公開としている調書を明るみに出したという点で僕は立派なスクープだと捉えています。実際、朝日の報道直後からライバル各社は調書を入手しようと血眼になっていた。でも、入手できなかった。それほど調書が厳重に秘匿されていたことの証左でしょう。

他方、朝日は八月の五、六日の朝刊に、いわゆる慰安婦報道の大型検証記事を掲載します。朝日の慰安婦報道のこれまでを総括し、大半はまったく問題ないと訴えつつ、一部の記事は誤りだったとして訂正した。これを機に猛烈な朝日バッシングが巻き起こったわけですが、それから間もない時期、八月の中旬になってまずは産経が調書を手に入れて報道し、続いて読売なども調書入手に成功しました。

繰り返しますが、五月二十日に朝日新聞が調書を手に入れて報じてから三カ月、どこの社も手に入れられなかった。ところが朝日バッシングがはじまった途端、朝日批判の急先鋒である産経、そして読売が突如追いついた。どう考えても不自然です。官邸あたりの仕掛けを疑うのは当然でしょう。

しかも産経も読売も、せっかく重要な調書を入手したのに、記事のトーンは朝日報道批判が主眼になっていました。調書の本質的な意味、つまりは福島第一原発事故の実相であるとか、あるいは調書を非公開としてきたことの問題点であるとか、そういう点はほとんど語られず、要するに朝日バッシングの材料に矮小化してしまったんです。

これで一番安堵したというか、ほくそ笑んだのが誰かは明らかでしょう。「吉田調書」をめぐる報道は、もちろん朝日にだって問題はあるけれど、産経や読売の振る舞いを含め、戦後メディア史に残る大敗北だと思っています。権力側にメディアがいいようにコントロールされ、見事にその思惑どおりに踊ってしまった。

森　確かに朝日バッシングは常軌を逸していた。メディアがメディアを嬉々として叩く。狂気に近いものを感じました。

青木　ええ。戦後日本の社会が異様な変質を遂げつつあることを示す歴史的事件だったと思って、僕は当事者たちを急遽取材して二〇一四年末、『抵抗の拠点から――朝日新聞「慰安婦報道」の核心』（講談社、二〇一四年）を出版しました。詳しくはそちらを読んでほしいんですが、朝日バッシングの中で痛感したのは、ここで話してきたようなメディアとジャーナリズムの原則が、この国ではまったく共有されていないという現実です。市民はおろか、メディア界に関わる者だってそうだし、権力者の側もそうしたことへの表層的な理解すらない。

＊1　福島第一原子力発電所所長であった吉田昌郎（1955 ～ 2013 年）が政府事故調査・検証委員会の調べに答えた「聴取結果書」いわゆる「吉田調書」で、2011 年 3 月 15 日朝、福島第一原子力発電所にいた所員の 9 割にあたる約 650 人が吉田の待機指示に従わず、福島第二原子力発電所へ退避していたことが明らかになった。これを、朝日新聞は「命令違反による大量離脱」と報じた。これに対し読売新聞など複数のメディアは、「吉田氏は『２Ｆ（福島第二原発）に行けとは言っていない』と答えながらも、『２Ｆに行った方がはるかに正しい』と説明し、命令違反の認識はなかった」と報じるとともに、朝日新聞に対して糾弾する記事が相次いだ。9 月 11 日、朝日新聞社は記事を取り消す考えを明らかにし、13 日付朝刊で記事の取り消しと全面謝罪を掲載した。

それが如実に表れたのが、安倍首相が「NEWS23」に出たとき（二〇一四年十一月十八日）のことです。生放送の最中に首相がブチ切れたのが話題になりましたよね。放送中に紹介された街頭インタビューで、アベノミクスなる経済政策への批判的な声ばかりが紹介されたことを「公平じゃない」と言って不満をあらわにして、制作サイドを批判したわけです。僕はあれを見て、この為政者はメディアとジャーナリズムの原則を欠片も理解していないんだな、とため息が出ました。いや、為政者としての基本的な振る舞い方すら自覚していない。

考えてみてほしいんですが、首相がテレビに出演することの是非はとりあえず置いても、首相を出演させた際の街頭インタビューで「アベノミクスは素晴らしい」「株で儲かって仕方ありません」なんていう声ばかり紹介したら、それこそ異常でしょう。どこぞの独裁国家の国営メディアと寸分違わない。むしろ、意図的にでも批判的な声を抽出して紹介し、首相にぶつけるのが民主主義国家のテレビです。これに対して首相の側は真摯に答え、誤解があるなら釈明すればいいし、反論があれば反論すればいいし、誤っていたと思うなら素直に謝罪すればいい。陳腐な言い方をすれば、それこそがメディアと為政者の役割です。

森　メディアがなんのためにあるのか、憲法は国民ではなくて権力を縛るものなんですなんてことを、なんで今さら言わなければいけないのか。国民主権なのに、主権者である国民にその自覚がなさすぎる。

安倍首相が出演中に切れたというその映像を撮ったTBSのカメラマンは、以前からよく知っています。実際に撮影の現場では、ほとんどの人が安倍政権に対して批判的なことを言っていたそうです。恣意的な編集でもなんでもないのに、としきりに首をひねっていました。

青木　ええ。どうやら現首相と現政権は、政権側の言い分も紹介するところにメディアの役割があると思っている。だから「公正中立」を要求する文書を送りつけたり、政権の政策に批判的な声を紹介するとブチ切れたり、気に食わないテレビ局を呼びつけたり、そんな振る舞いを平然とする。その延長線上に、「NEWS23」の岸井さん攻撃や「報ステ」攻撃もある。

もちろん、森さんが言ったように、体制の左右を問わず、古今東西を問わず、為政者というのはメディアを恣意的にコントロールしたがるものです。別に現政権だけの話じゃない。ただ、これほど露骨に、かつ稚拙にメディアコントロールをしようとする政権は珍しい。これはメディアとジャーナリズムの原則すら理解していないから、恥じることもなく堂々とやってのけられてしまう。ため息が出るほど愚かな為政者です。

確かに情けないのは、そんな恫喝に怯えて萎縮ムードが広がっているメディア側の惨状です。森さんが言うように、そんな為政者のバカな圧力など、本来は放っておいて無視すればいいんですが、やはり膨大な情報を握っている政権は強い。

森　何度でも言うけど、圧力はあって当たり前です。たとえば一九六八年にＴＢＳの報道スタッフが成田空港建設に反対する住民たちをロケ車に乗せて集会場所まで運んだことが発覚して、国会まで巻き込んで大きな問題になったことがありました。世に言うＴＢＳ成田事件[*1]です。この前年にはやはりＴＢＳで、当時キャスターだった田英夫さんがレポートした「ＪＮＮニュースコープ」が、反米的な要素が強いとして自民党政権から抗議されたこともありました。牛山純一さんが日本テレビで「南ベトナム海兵大隊戦記」をオンエアして、やはり自民党政権から強い抗議を受けて第二部と三部のオンエアを中止したのは一九六五年。一九八五年に放送されたＮＨＫ特集「核戦争後の地球」が核兵器の凄まじい恐怖を訴えて、やはり自民党政権から抗議されて当時のＮＨＫ会長が国会で証人喚問されています。でもこのときのＮＨＫ会長は自民党議員の攻撃に一歩も引かなかった。前述したＥＴＶ番組改編時とは雲泥の差があります。ましてや今の会長とは……。

ただこの二つの代表的な事例でも、自民党は圧力という言葉は使いません。あくまでも局の自主的な判断が建前です。他にも事例はいくらでもあります。でもこれまでは少なくとも、もうちょっと抑制があったというか、少なくとも今のように、官邸が選挙報道は公正にやれなどの文書をテレビ各局に配布するとか、「マスコミを懲らしめるには広告料収入がなくなるのが一番」「悪影響を与えている番組を発表してスポンサーを列挙すればいい」などと自民党本部内の会議室で行われた勉強会で議員が発言するとか、これほど露骨で低劣な言動はありえなかった。まあでもこれも当たり前ですよ。権力は放っておけばどんどん増長するのだから。

青木　少し前、後藤正治さんの『天人――深代惇郎と新聞の時代』（講談社、二〇一四年）というノンフィクション作品を読みました。朝日の天声人語を書いていた伝説のコラムニスト・深代惇郎《ふかしろじゅんろう》の評伝なんですけど、後藤さんは深代のこんな一文を引用しているんです。深代がロンドン駐在のヨーロッパ総局長を務めていた時代の原稿です。

〈一週間ほど前、ロンドン在住の外人記者団が英国国営《ママ》放送ＢＢＣの社長を食事に招いた。カーラン社長は生粋の放送人で、まだ五十歳の若さだ。「実力者」といわれる評判にたがわず、明快、率直で、歯切れのよい話しぶりだった。

　たとえば、こんなこともいっていた。

「放送の勇気とは、どれだけ少数者の意見を伝えるかにある。もしＢＢＣにそれができないなら、体制の意気地ない、青白い影法師だと非難されてもしかたないだろう。ＢＢＣも体制の一環だ。しかし、われわれの体制とは、自分に敵対する意見を、常に人々に伝え続けねばならないことだ。

＊1　1968年3月10日、成田空港建設反対集会取材のさなかTBSのドキュメンタリー制作スタッフのマイクロバスに、プラカードを所持した集会参加者の反対同盟の農婦7人と3人のヘルメットを着けた若い男性を乗せたことが発覚。政府・自民党から非難・抗議を受け、計8人が処分を受けた事件。

それが民主社会だと思っている」

話を聞きながら、これは古典的といえるほど見事な自由主義だと思った。また国営放送の責任者がこのような信条を、だれに気がねもなくズバリといってのける国は、やはり立派だと考えざるを得なかった〉

翻って現在の日本はどうか。語るのも嫌になります。安倍のお友達だというネトウヨまがいの流行作家が経営委員に送り込まれ、麻生太郎のお友達のお友達らしい籾井勝人みたいな愚か者がトップに座っている。挙げ句の果てには「政府が右と言うものを左と言うわけにはいかない」なんて平気で言い放つんだから、目もあてられない。別にBBCがそれほど立派とは思わないけれど、それでも彼我の差にはため息すら出ません。

もう一つ、先ほど首相のテレビ出演をどう考えるかっていう話をしましたが、首相が特定メディアのインタビューに応じたり、特定のテレビ番組に出演したりするのって、実は安倍政権になってからはじまったことなんです。それ以前は、官邸と内閣記者会（官邸の記者クラブ）の取り決めというか慣習で、そういうことはしないことになっていました。僕は政治記者じゃないから詳しい経緯は知らないけれど、おそらくは究極の公的存在である首相については、官邸や各社の紳士協定として、単独のインタビューなどは控えようねっていう趣旨だったんでしょう。

ところが、安倍政権はこれを軽々と蹴散らし、お気に入りメディアのインタビューはおろか、「笑っていいとも！」とか「ミヤネ屋」とか、果ては、「なんたら委員会」にまで嬉々として出演している。この影響は意外と深刻で、首相が出演する番組以外にも萎縮ムードが広がるんです。首相に出演オファーを出しているニュース番組などに迷惑をかけたらマズいから、政権批判は控えめにしておこうねっていう風潮が蔓延《はびこ》ってしまう。

どうしてこんなことになったかと言えば、いわゆる記者クラブ制度への批判などが高まって、それを逆手に取られた面が一つはあると思います。記者クラブ制度が問題だらけなのは間違いないのですが、功罪でいうと功の部分だって多少はあった。一社だと弱いけれど各社がまとまれば当局との交渉力が強まるっていうのが記者クラブ制度の本来の趣旨のはずだけど、首相の単独インタビューやテレビ出演はやめようねっていうのは、記者クラブ制度の数少ない功の部分だった。ところがメディア側の自浄作用が働かずに記者クラブ制度が批判を受ける中、政権側が正面突破しても反論すらできないような状況になってしまった。

また、記者クラブ側の劣化もあったようにも思います。かつては社の壁を超えて守るべき原則は守ろうという矜持がクラブ記者のあいだにも多少はあったけれど、最近はそれすらなくなって、首相の単独インタビューを取りたい、首相に番組出演をしてほしいっていう倒錯した欲望を隠しもせず、そのためにゴマスリする御用記者が増えてしまっている。クラブが一致団結して首相に抗議をすればいいわけだし、インタビューや番組出演など各社が断ればいいのに、それすらしないわけですからね。

森　……出口ないね。

青木　出口なんかない。ますます悪くなっています。

朝日バッシングと読売の急旋回

青木　二〇一四年の朝日バッシングのときが典型的だったけれど、一部メディアが叩かれると、徹底的に孤立してしまうんですね。本来はメディアって、保守とかリベラルといった政治論調的な立ち位置は別として、権力側とメディアが対峙した際は、できればメディア側に立って一緒に抵抗するか、せめて関わらないで無視するべきでしょう。少なくとも、権力側に加勢するのはありえない。

でも、朝日バッシングのときは、雑誌メディアはおろか、同じ新聞メディアの読売や産経までが嬉々としてバッシングに同調した。いや、それどころか煽動した。特に読売は、これを朝日の部数を奪い取る絶好の機会と睨んで露骨な振る舞いに出たけれど、結果的には朝日の部数が減り、読売の部数はそれ以上に減ってしまった。卑しい下半身が見透かされたんでしょう。自分で自分たちの首を絞め、メディア不信を高めたようなものです。

それにしても、読売がなぜこれほどひどくなってしまったのかということです。産経は昔からあんなものだから、まあどうでもいい。でも読売は、随分前からどうしようもない保守路線ではあったけれど、かつてなら少なくとも朝日バッシングを煽動するようなことはしなかった。

読売の絶対的ドンであるナベツネ（渡邉恒雄）だってそうです。僕は欠片も評価しないけれど、古い政治記者のバンカラさというか、一種の凄みみたいなものを持っていて、単なる政権の太鼓持ちに甘んじるようなタイプじゃなかった。たとえば小泉政権のときには靖国参拝に公然と反対しました。読売というメディア自体、以前は何が飛び出すかわからない怖さみたいなものがあったのに、最近はそれがすっかりと消え失せ、安倍政権の完全なる御用メディアです。

読売のそういう体たらくが日本メディア全体に与える影響は大きいですよ。いまだに公称九〇〇万の部数を持っていて、特定秘密保護法にせよ安保法制にせよ、あたかもメディアが二分されているように見えてしまうのは、読売の堕落が大きい。日本の新聞メディア全体を眺めれば、朝日、毎日、東京などに加えて、ほとんどの地方紙が特定秘密保護法にも安保法制にも疑義を唱えた。ところが読売が賛成に回ったことで、少なくとも在京メディアは賛否が二分されたように見えてしまう。

しかも日本の場合、テレビが新聞の系列化となっていますから、読売傘下の日テレ系と産経傘下のフジ系が政権の応援団色を強めてしまう。そうすると、朝日にせよ、毎日にせよ、テレ朝にせよ、ＴＢＳにせよ、政権とファイティングポーズをとろうとかろうじて踏ん張っても、メディアの半分は政権側だよね、ということになってしまって、その政権側のメディアまでが一体となって攻撃してくる。結果、すごく孤立感が出てしまう。

一方で朝日や毎日にしても、消費増税後に新聞に軽減税率を適用するかどうかなんていう場面では、本音では読売の政治力に期待する部分がある。そういう意味では同じ穴の狢なんですけどね。

森　朝日バッシングもひどかったけど、後藤健二さん殺害の後に朝日の記者がシリアで取材したことを読売と産経が叩いた記事を目にしたとき、本当に嘆息しました。叩くというより、政府の勧告を無視して取材してますって露骨に足を引っ張っていた。自らジャーナリズムの意義を否定している。あの記事のひどさは、ちょっと歴史に残るくらいです。

青木　あれはひどかった。読売の内実はわからないけれど、ナベツネの号令一下というより、周辺の忖度族みたいな連中が暴走しはじめてるんじゃないですかね。

森　睨みを利かせられなくなったということ？

青木　いや、独裁的な組織にありがちな話で、オウムなんかも似たようなものかもしれないけれど、配下にいる連中が、特に組織的には「優秀」とされるような連中が「トップの意向はきっとこうにちがいない」と忖度し、むしろトップよりも暴走してしまうような状態。なんか読売という組織自体が一種のカルト化しているというか、かなり異常な状態に見える。優秀な記者、結構いるんですけどね。異論や異見がまったく出てこないような惨状です。

そのせいかどうか知らないけれど、朝日のシリア取材に難癖をつけた読売の記事は確かに醜悪でした。正確を期すために読売を引用すると、こんな記事でした。〈外務省が退避するよう求めているシリア国内に、朝日新聞の複数の記者が入っていたことが三十一日わかった〉(二〇一五年一月三十一日付夕刊)。本当にクソみたいな原稿です。

森　自分たちのアイデンティティをも否定するような記事です。

青木　ええ。これは政治思想が右だとか左だとか、保守だとかリベラルとかいうレベルの問題じゃない。こんなことを言いはじめたら、外務省が渡航自粛を求めているところでメディアは取材ができなくなってしまう。それはつまり、大本営発表しか報じられないということにつながります。産経も同じような記事を書いていたけれど、これらを書いた記者たちは、どんなメンタリティの持ち主なのか。原稿を通したデスクや整理部の連中と合わせて、心底から心性を疑います。

森　青木さんが『週刊現代』に書いた記事を読みました。後藤さんが拘束されて、殺害された後かな、実は安倍首相が中東を訪問したときに、ヨルダンにこっそりと人質解放に向けて協力してくれと言ったというのを読売が抜いた。そのことを質問された菅義偉《すがよしひで》官房長官が「そんなことはありません」と簡単に否定した。ということは、これは誤報なのかもしれないし、あるいは違う理由があるかもしれないけど、それについてメディアは一切後追いしていない。読売もその後、何も書いていない。

青木　あれは実は、僕よりも先に、共同通信の先輩である春名幹男さんが業界紙に一部を書いた話なんです。僕も調べてみたら、確かにそのとおりだったから『週刊現代』のリレー連載コラムで書きました。どういうことか少し詳しく説明すると、読売は二〇一五年二月二日の朝刊で、こんな記事を掲載したんです。

〈安倍首相は中東訪問中の一月十八日、ヨルダンのアブドラ国王と会談した際、イスラム国に拘束されていた後藤健二さんと湯川遥菜さんの解放に向けた協力を改めて求め、国王に頭を下げた〉。

事実なら重要な情報です。ＩＳがビデオメッセージで後藤さんたちを人質に取ったと公表したのは一月二十日ですから、それ以前の段階で政府が動いていたことの証左になる。当然、読売の報道を受けた直後の官房長官会見では、朝日の記者が読売記事の真偽を質問しました。ところが菅官房長官は「特段そういうやりとりはしておりません」とそっけなく言うだけで、追加の質問も出ず、九分ほどで会見は終了してしまいました。

ちょっと待てと。ならば読売の記事は誤報なのか。一月十八日のヨルダン国王との会談でそうしたやりとりがなかったのなら、いったい政府は何をやっていたのか。人質事件を把握していたのに、ヨルダン国王との会談でそういうやりとりすらしていなかったとするなら、今度は逆に解放に向けた努力をまったく尽くしていなかったという話になる。これは官房長官会見でももっと問い質し、しつこく事実を確認すべきなのに、記者たちはそれをしようともしない。

森　菅があっさり否定した意味もわからない。利用できるのにね。

青木　推測だけど、あれはたぶん読売の誤報だったんでしょう。外交案件ですから、さすがにないものをあるとは言えない。相手政府に否定されたらアウトですから。でも、ならば人質解放に向けた努力をしていなかった証左だと言って追及の矢を放つべきです。また、誤報だとするなら、読売は朝日を必死に叩いたけれど、自社の誤報には知らぬふりを決め込んでいることになるのだから、これもきちんと総括すべきです。

森　おそらく誤報だったんでしょうね。一昔前に比べれば、受け手の側のリテラシーは、「マスゴミ」というような極端な姿勢も無理矢理に含めて、多少は身についてきたような気もしないでもないけれど、それ以上にメディアの劣化というか、横並び意識というか萎縮というか、それが激しい。

デジタル化はメディアの質をよくするのか

青木　メディアの全般的な状況について言えば、事件報道などで人権に配慮するといった点では、表面的にはずいぶんよくなっている部分もあるんですよ。昔は逮捕されただけで呼び捨てだったけど、今は一応、「容疑者」という呼称がつけられる。僕がこの業界に入った頃の記事スタイルでは、〈××事件を捜査している警視庁の××署捜査本部は、容疑者が○○であることを突き止めた〉なんていう書き方が平気で通用していた。まるで警察の広報紙のような書きっぷりです。

でも、さすがにそんな記事を今書けば、デスクに突き返されます。これは確か朝日がはじめたんだけど、〈警視庁は×日、××容疑者を逮捕した〉と書いていたのを、〈××容疑者を逮捕した、と発表した〉と書くようになっている。他にも、これまでは〈××が○○であることが警視庁の調べでわかった〉と書いていたのを、〈××が○○であることが、警視庁への取材でわかった〉と書くとかね。一般の人にしてみれば、どうでもいい小手先の変化に見えるかもしれないけれど、いずれも事実にできるだけ正確であろうという記事スタイルという点では進歩です。人権意識みたいなものは、新聞報道ではよくなってきている面もある。

ただ、それと比例するように、メディア側ばかりじゃなくて、当局側の管理強化もどんどん進んできました。僕が新聞記者になった九〇年代の初頭、最初の赴任地は大阪社会部だったんですが、夜になると署回りといって、自分の担当している所轄署にお酒なんかを手土産に持ってフラリと行くんです。あの頃はまだ牧歌的で、夜勤の刑事が刑事部屋に入れてくれて、場合によっては被疑者と担当刑事と三人でお茶を飲みながら世間話をすることだってあった。今はおそらく、刑事部屋にすら入れないでしょう。

どうでもいい話だけど、昔の大阪府警本部はボロ庁舎で、記者クラブの部屋では七輪に炭で火を起こして焼肉パーティーなんかもやっていた。上の階の警官たちから「煙がすごくて仕事にならん」なんて抗議されてもへっちゃら。いまはもちろん絶対無理でしょう。近代的な庁舎になっちゃって、IDカードか何かでピッとやらなくちゃどこにも入れない。庁舎内をふらふらして、当局の動きを探るなんていうことすら難しくなってしまっている。

森　なんか、昔の映画の一シーンみたいな感じですね。

青木　だから警察取材自体も、僕が入社した時代は人権感覚の面では大いに問題があったけれど、当局に突き刺さって内情を掴み出すという点では、メディア環境が悪くなったところがある。これは警察に限った話じゃないでしょう。

しかも今の記者たちは忙しい。昔と違って携帯電話やスマホを持っているから、世界中のどこにいたって本社のデスクなんかから二四時間体制で指示や命令が下りてくる。記事だってパソコンがあればいつでもどこでも送れるし、デジタル化の進行でネット用の記事なんかも書かなくちゃいけなくなっている。そういうことが一因なのかどうかわからないけれど、問題意識もだんだん希薄になってきているように見えます。

森　今の日本のメディアは企業であるということでしょう。もちろん、昔がすべてよかったとは思いませんけど。

青木　ええ。昔がすべてよかったわけじゃない。でも、当局側と同様にメディア側も管理化が進み、と同時に忙しくなっている。昔の新聞記者だって長時間労働だったけれど、原稿の締め切りは基本的に朝刊と夕刊の二回です。合間にはふらふらと街をほっつき歩いたり、自分の趣味的な取材に時間を費やしたり、意外に自由度があった。でも今は携帯電話で本社と常につながれ、締め切りとは別にネットにも速報をどんどん上げなくちゃいけない。ものすごく忙しくて疲弊しているのは事実なんでしょう。

森　デジタル化によって記者が疲弊するって、なんか変な気がするんだけど。技術革新があったのに、それに対応する記者の体制はデジタル化以前と同じでやっているっていうことですよね。まあ、メディアだけでなくて、社会全体がそうなんだけど。

青木　先日初めて聞いて驚いたんだけど、最近は「トリテキ」っていうジャーゴン（隠語）があるらしいんです。ある記者会見の取材に行ったら共同通信の後輩記者に声をかけられて、若手の記者を三人も四人も連れてきてる。確かに重要な記者会見ではあったんだけど、そんなに大挙してきて何をするのかと尋ねたら、「トリテキ要員です」って。僕は初耳の言葉だったから、「トリテキって何？」って聞いたら、「えっ、青木さん知らないんですか？　テキストを取るからトリテキって言うんですけど」って。

つまり、記者会見の一問一答をその場でパソコンに打ち込んで、即座に本社に送らなくちゃいけない、と言うんです。その作業を一人の記者が一時間も二時間もやるのは不可能だから、何人もの記者が十分とか十五分とか交替しながら作業する。で、記事は誰が書くのかって尋ねたら、なんと「本社で書きます」って。

僕が会社を辞めて一〇年になるから無理もないんだけど、そんな作業風習も「トリテキ」なんていうジャーゴンも、まったく知らなかった。そんなことに何人もの記者が駆り出されたら、ますます忙しくなって疲弊するだけだと思うんだけど……。今の記者たちがかわいそうなことになっているのは間違いありませんよね。

森　トリテキをバカにするつもりはないけど、でもそれでは質問できないでしょう。

青木　でしょうね。しかも原稿は本社で書くっていうんだから、鵜飼いの鵜じゃあるまいし、ポイントを突いた質問も出にくい。

森　ただ聞いて伝えるだけ。つまり広報代行です。効率化は企業としては当然のベクトルだけど、メディアにそれを持ちこんだらダメなんだけどな。気づいている人はたくさんいるはずです。どうしてそこで踏ん張らないのだろう。もしかしたらもう、踏ん張るだけの足場もないのかもしれない。

青木　その話を先日、TBSの金平茂紀[*1]さんにしたら、ワシントンなどの高官会見では当局側の広報が速報のスクリプト、つまり会見の一問一答を速記で作成して記者たちに配るんだそうですね。まさに広報の仕事を記者たちがやっている。忙しさに疲弊している若手記者たちを大量動員して、ますます疲弊させてしまう。

特にトリテキをたくさんやってるのは政治部の記者でしょう。安倍が会見する際も、官房長官の定例会見の際も、会見室にはカチャカチャ、カチャカチャとパ

＊1　ジャーナリスト。1977年TBS入社。『筑紫哲也 NEWS23』のデスクなどを務める。『テレビニュースは終わらない』など著書や共著も多数。

ソコンを叩く音が響き続けてる。政治部の場合、一線の取材記者が原稿を書かず、上がってきた情報を原稿にするのがデスクという習慣があるくらいですから。

これからのジャーナリズムとメディア

森　ここは大事なところだから何度でも言うけれど、今のメディアが劣化したと言うのは簡単だけど、企業としては劣化ではなくて進化しているとの見方もできる。要するに利益を最優先して、リスクヘッジを心がけて危ない橋は渡らない。これは企業としては当然です。
　でもジャーナリズムには、普通の企業とは違う変数が入るわけですね。市場原理とのあいだには絶対に一線があるはずです。

青木　僕が共同通信に入社したとき、そういう話を懇々と説く役員がいました。共同は社団法人組織で、いわゆる営利企業とは少し違うんだけど、その役員に安酒場へ連れて行かれて、何度もこんな話を聞いたのを今もよく覚えています。「お前はこれから、名刺さえ出せば政治家だろうが、大企業の幹部だろうが、話を聞きにいくことができる。でも、お前が入ったのは所詮、組織の論理で動く企業にすぎないから、決して偉ぶっちゃいけない。しかも、この会社は他の会社と決定的に違うことがある。他の企業は、基本的に営利を求めていればいいかもしれないが、この会社は時に損をしてでも歯を食いしばって我慢しなくてはならない矜持がある。場合によっては、そのせいで会社が潰れることだってあるかもしれない。そういう会社に入ったことを、お前たちは肝に銘じておかなくちゃダメだぞ」ってね。もちろんそんな話はきれいごとにすぎなくて、メディア組織がどこまでも企業の論理で動くことを間もなく知るんですが、あの役員の台詞は、いまも僕の頭の中にはっきりと残ってます。新入社員にそんな青臭いことを諭そうとする幹部、今もいるのかな。

森　十年くらい前かな、メディア関係者が集まった勉強会で、ちょうど自衛隊のPKOが問題になっている頃だったのだけど、「日テレのニュースはPKOをやらないよね」と誰かが言ったら、日テレのディレクターがけろっと「あれ数字こないですから」って言ったんです。「日テレって数字こなかったらニュースにしないの」と誰かが聞いたら、「当たり前じゃないですか、ニュースってみんなが興味を持つことでしょ」と言われて、全員、沈黙しちゃった。それはある意味では間違っていない。

ニュースはみんなが興味を持つこと。確かにそれは定義の一つです。でもジャーナリズムとしては、みんなが興味を持つだけじゃなくて、みんなが興味を持たないかもしれないけれど、これは大切な問題だからやろうとか、数字はこないかもしれないけどどうしても訴えたいなどの要素があってしかるべきです。これは明らかに市場原理に反しているけれど、そのメカニズムがジャーナリズムを支えます。

でもそのメカニズムはどんどん消えてしまっている。つまり健全な企業になりかけている。当然ながらその雰囲気は個々の社員にもフィードバックする。優先するのは利益と安全。それは明らかにジャーナリズムの自殺です。

危ない橋を渡るべきです。火中の栗も拾うべきです。でもそれで会社に迷惑をかけると出世に響く。こうして萎縮が進みます。収益アップと並行して。

主観と客観の話をすれば、テレビのドキュメンタリーは今、どんどん主観的になっています。理由はデジタル技術の進展です。それまでのロケ取材はカメラマンがいて音声を録るVEがいてディレクターがいてという形式だったのが、今は一人でハンディカメラで撮れてしまう。僕も「A」撮影のときにロケクルーを取り上げられて一人でカメラを手にして現場に行って、客観なんてありえないと気づきました。だってカメラワークって主観なんです。パンとかズームは感情表現です。あの頃はむちゃくちゃ大きくて重いカメラで、しかもデジカメの映像なんて放送できるかという人が多かったけれど、今はすっかりカメラもコンパクトになって、普通に放送できるようになった。そういった過程でディレクターが、客観を装うことは無理なんだということに気づきだした。だからディレクターが一人称で撮ったドキュメンタリーや報道番組も増えています。

ツールが変われば意識って簡単に変わります。でも新聞は、そういう意味では変わりようがないって言えば変わりようがない。

青木　パソコンや携帯、スマートフォンといったツールの登場で、新聞だって製作環境も経営環境も大きく変わった面はあります。それに森さんは収益アップと言ったけれど、最近の新聞メディアに関して言えば、収益構造はどんどん崩れ落ちつつあります。ネットの隆盛にともなって新聞は斜陽産業化し、中長期的には衰退を余儀なくされる。だから逆に収益ダウンの構図の中で生き残りに躍起となり、不採算部門を切り捨てる一方、メディアの相互批判とは位相の違う食い合いというか、仁義の欠片もない生存合戦に突入してしまっている面が強い。

ではこれからどうなるのか。媒体＝メディアなんて、紙を舞台にするものにせよ、電波にせよ、あるいはネットにせよ、ジャーナリズムの役割に違いなどありません。別に紙がデジタルに置き換わっていったって構わない。ただ、現時点ではなかなか難しい。その点で、僕は今も新聞メディアには期待を抱いているんです。

つまらない日々の雑報だって、地方紙に掲載される何気ないベタ記事だって、その蓄積は新聞メディアの巨大な財産であり、僕たちの社会の公共財です。こうしたファクトのアーカイブがなければ、僕や森さんみたいなフリーの物書きが何事かを調べて書こうとしても、手掛かりがなくなってしまうわけでしょ。

森 確かに一次情報の蓄積がなかったら、その後にルポルタージュもドキュメンタリーもやりようがないでしょうね。

青木 ええ十年後なのか、二十年後なのか、いずれはネットメディアに置き換わっていくのかもしれないけれど、そういう作業は今も新聞メディアにかかるところが大きい。事実に即して伝える記者の訓練の場としても、ジャーナリズムが守るべき原則を伝承する場としても、そして何よりも権力の監視役としても、新聞メディアにはもっともっとがんばってもらわなくちゃ困る。そういう点では私企業であると同時に、メディア自体が社会の大切な公共財なんです。それを支えているのは一人ひとりの記者であり、もっと言うなら、読み手であり受け手である僕たち自身です。

森さんがこの対談の中で、メディアのレベルは市民のレベルを映すというようなことをおっしゃったけれど、確かにそういう面はある。ならば僕たちは、そういうメディアを育てていかなければいけない、とも言えるんじゃないでしょうか。メディアの悪弊については引き続き批判しつつ、そうしたメディアの中で数は少ないけれども必死でがんばっている記者や編集者、制作者には声援を送り、支えていく。そういう真っ当な連中が一人でも増えればメディア状況は多少好転するし、少なくなっていけばますます悪化するだけなんですから。

あとがき

森 達也

ここの対談は二〇一五年に行われた。そしてゲラの推敲作業をしているうちに年を越した。数年前から、年末に賀状を書くことはやめた。でも元旦には、まだ多くの人から年賀状が届く。少しだけ申し訳ない思いで読む。その多くには、「Happy New Year!」「よいお年になりますように」などと記されている。

……もちろん願いは僕も同じだ。でも現実にはどうだろう。今年が昨年よりよい年になるとはとても思えない。年が明けてから今日までのあいだだけでも、世界のいたるところでテロが頻発している。移民受け入れ問題で揺れるＥＵでは民族主義や排外主義が噴出し、今年十一月にオバマ政権が任期を終えるアメリカでは、アクション映画の「ラスボス」のような風貌のドナルド・トランプ候補が、大方の楽観的な予測を裏切って今も高い支持率を保ち続けている。

こうした状況が現出した最大の理由であるＩＳに対して、有志連合は市民が犠牲になることを承知で空爆を続け（ならば報復の連鎖は続く）、年明け早々に行われた北朝鮮の核実験は、憲法を変えることを最終的な目標にする安倍政権にとって、これ以上ないほどに大きな追い風となっている。

右を見ても左を見ても、よい年になる要素など一つもない。

大きな事件や災害で生存への不安や恐怖を抱いたとき、ヒトは群れる本能が突出する。そしてこのとき、群れ（集団）は指示を求めはじめる。なぜなら全員で同じ動きをしたくなるからだ。つまり同調圧力。イワシやムクドリなどの群れは、鋭敏な感覚で全体の動きに同調するけれど、ヒトは鋭敏な感覚を失う代わりに言葉を手に入れた。

こうして群れは、強い言葉（号令）を発する為政者を求めはじめる。言葉だけではなく、敵を可視化して勇ましい言葉を掲げる為政者なら、もっと群れに歓迎される。9・11のときはブッシュ、3・11のときは民主党政権を見限って安倍晋三、そして今のアメリカはトランプ。彼らが仮想敵を掲げながら不安や恐怖を煽る理由は、これによってより集団化が加速し、支持率も上昇し、統治しやすくなるからだ。こうして国は過ちを犯す。

もちろんこの系譜に、ヒトラーやスターリンや毛沢東を入れることも可能だ。でも集団に影響を与える言葉は、為政者だけが独占しているわけではない。もう一つある。そしてそのもう一つの言葉は、ヒトラーやスターリンや毛沢東が言葉を発していた時代とは比較にならないほど進化している。

もう一つの言葉とは何か。メディアだ。

為政者が周辺国への不安や恐怖を煽る言葉を弄するなら、これを打ち消すだけの言葉を、メディアは発することができる。でもこの国のメディアは今、その最大の使命である権力監視、つまりジャーナリズム機能を、健全に行使しているとはとても言えない状況だ。

その理由は何か。一部の例外を除き、メディアは営利企業でもある。だから視聴率や部数というデータを黙殺することはできない。要するに市場原理を切り離せない。そしてこの方向は、あるべきジャーナリズムの姿とはまったく違う。

もちろん市場原理への埋没は、自由主義経済である限りは世界中のメディアが共有する問題だ。でも現状においてこの国では、ジャーナリズムの論理がメディアの論理に回収されすぎている。摩擦がないのだ。しかも近年は社会全体の集団化が同時並行的に進んでいるから、為政者や政権に対しての批判は非国民や売国奴などと攻撃され、視聴率や部数の低下に結びつき、さらに広告収入の減少へもつながる。

かつてこの国の新聞は、大東亜共栄圏思想を掲げながら八紘一宇や挙国一致などのスローガンに高揚するや民意（市場）に抗えず、大本営の広報機関と化して戦意を煽り続けた。この国にはその記憶があるはずだ。でも今、また同じ過ちを繰り返そうとしている。いやメディアが比較にならないほど進化しているからこそ、その影響はかつての比ではないはずだ。

実例は数多い。二〇一四年の常軌を逸した朝日新聞バッシング。現首相と抵抗なく飲食するメディア幹部たち。最近は現政権に批判的なキャスターやコメンテーターが、表舞台から排除されることが続いている。この年末から年明けにかけても、多くの人たちが姿を消すことが明らかになった。

現政権から直接的な圧力があったということではなく、それぞれのメディアにおける過剰な忖度や自主規制の現れだろうと僕は思う。いずれにせよその帰結として、メディアの萎縮がさらに進み、この国のジャーナリズムはますます衰退する。多くの人が求める情報ばかりが流通し、多くの人が求めない情報は淘汰されて消えてしまう。まさしく娯楽装置として突出したメディア業界。そこにジャーナリズムはもはや存在しない。


ゲラの推敲が終わる頃、現代書館の菊地泰博から、サブタイトルとして「ぐあんばれメディア」を提案された。大胆すぎる。さすが全共闘世代。でも異存はない。メインタイトルは「反メディア論」ではあるけれど、実のところ今の最後の（そしてほぼ唯一の）希望は、メディアの復権なのだから。

よい年になりますように。本当にそう思う。でも時代はこれからますます悪い方向に向かうかもしれない。いや間違いなく向かうだろう。今のところその公算はとても大きい。僕はもうその覚悟はしている。

……と書きながらも、その予測が外れることを、本当は願っている。祈っている。そしてこの予測を外すことができるかどうかは、まさしくこれから、メディアが発する言葉に託されている。

［二〇一六年一月十八日］

森達也（もり・たつや）

一九五六年、広島県呉市生まれ。映画監督、作家。明治大学情報コミュニケーション学部特任教授。九八年、ドキュメンタリー映画「A」を公開、ベルリン映画祭に正式招待。「A2」では山形国際ドキュメンタリー映画祭で特別賞・市民賞を受賞。二〇一一年、『A3』（集英社インターナショナル）で講談社ノンフィクション賞受賞。著書に『放送禁止歌』（知恵の森文庫）、『死刑』（角川文庫）、『僕のお父さんは東電の社員です』（現代書館）、『チャンキ』（新潮社）、他多数。

青木理（あおき・おさむ）

一九六六年、長野県生まれ。ジャーナリスト、ノンフィクション作家。慶應義塾大学卒業後、共同通信に入社。社会部、外信部、ソウル特派員などを経て、二〇〇六年に退社しフリーに。テレビ・ラジオのコメンテーターなども務める。著書に『日本の公安警察』（講談社現代新書）、『誘蛾灯 二つの連続不審死事件』（講談社文庫）、『抵抗の拠点から 朝日新聞「慰安婦報道」の核心』（講談社）、他多数。

森達也《もりたつや》 青木理《あおきおさむ》の
反《はん》メディア論《ろん》

二〇一六年二月十五日 第一版第一刷発行

著者 森達也・青木理
発行者 菊地泰博
発行所 株式会社現代書館
東京都千代田区飯田橋三―二―五
郵便番号 102-0072
電話 03（3221）1321
FAX 03（3262）5906
振替 00120-3-83725
編集 原島康晴
組版 エディマン
印刷所 平河工業社（本文）
東光印刷所（カバー）
製本所 越後堂製本
装丁 箕浦卓

校正協力／高梨恵一
 ISBN978-4-7684-5763-4
定価はカバーに表示してあります。乱丁・落丁本はおとりかえいたします。
http://www.gendaishokan.co.jp/